독자의 1초를 아껴주는 정성!

세상이 아무리 바쁘게 돌아가더라도
책까지 아무렇게나 빨리 만들 수는 없습니다.
인스턴트 식품 같은 책보다는
오래 익힌 술이나 장맛이 밴 책을 만들고 싶습니다.

땀 흘리며 일하는 당신을 위해
한 권 한 권 마음을 다해 만들겠습니다.
마지막 페이지에서 만날 새로운 당신을 위해
더 나은 길을 준비하겠습니다.

독자의 1초를 아껴주는
정성을 만나보십시오.

미리 책을 읽고 따라해 본 베타테스터 여러분과
무따기 체험단, 길벗스쿨 엄마 기획단,
시나공 평가단, 토익 배틀, 대학생 기자단까지!

믿을 수 있는 책을 함께 만들어주신 독자 여러분께 감사드립니다.

(주)도서출판 길벗 www.gilbut.co.kr
길벗이지톡 www.eztok.co.kr
길벗스쿨 www.gilbutschool.co.kr

잘되는 가게의 영업비밀

월 매출
8천만원
달성하는
고정 고객
100명
만들기

잘되는 가게의 영업비밀
A popular store's secret

초판 발행 · 2018년 3월 30일
2쇄 발행 · 2022년 3월 28일

지은이 · 남우현, 김민회
발행인 · 이종원
발행처 · (주)도서출판 길벗
출판사 등록일 · 1990년 12월 24일
주소 · 서울시 마포구 월드컵로 10길 56(서교동)
대표 전화 · 02)332-0931 | **팩스** · 02)323-0586
홈페이지 · www.gilbut.co.kr | **이메일** · gilbut@gilbut.co.kr

담당편집 · 김동섭(dseop@gilbut.co.kr) | **기획** · 최한솔
디자인 · 배진웅 | **마케팅** · 정경원, 김진영, 장세진, 김도현 | **제작** · 손일순
영업관리 · 김명자 | **독자지원** · 정은주

교정교열 · 안종군 | **전산편집** · 김정미 | **CTP 출력 및 인쇄** · 북토리 | **제본** · 북토리

- 잘못된 책은 구입한 서점에서 바꿔 드립니다.
- 이 책에 실린 모든 내용, 디자인, 이미지, 편집 구성의 저작권은 (주)도서출판 길벗과 지은이에게 있습니다.
  허락 없이 복제하거나 다른 매체에 옮겨 실을 수 없습니다.

ISBN 979-11-6050-444-6 13320

(길벗도서번호 070370)

정가 14,000원

독자의 1초를 아껴주는 정성 '길벗출판사'

(주)도서출판 길벗 | IT실용, IT/일반 수험서, 경제경영, 취미실용, 인문교양

길벗이지톡 | 어학단행본, 어학수험서

길벗스쿨 | 국어학습, 수학학습, 어린이교양, 주니어 어학학습, 교과서

페이스북 · **www.facebook.com/gilbutzigy** | 트위터 · **www.twitter.com/gilbutzigy**

잘되는 가게의 영업비밀

월 매출 8천만원 달성하는 고정 고객 100명 만들기

남우현, 김민회 지음

길벗

머 리 말

나는 2014년 첫 미용실을 창업한 이래 미용실 전문 부동산, 휴이엠컴퍼니 가맹사업부 본부장에 이르기까지 100여 개의 미용실을 창업했다. 이를 통해 창업을 준비하는 사람은 물론, 현재 미용실을 운영하고 있는 사람들조차 동일한 시행착오를 반복해서 겪고 있다는 사실을 알게 되었다.

어느 분야에서든 창업 준비, 마케팅, 인사 및 경영 관리 등에서 많은 문제점이 발생한다. 한 가지 재미있는 사실은 시간이 흘러 고정 고객이 늘어나고 매출이 오르면 그 많던 문제가 어느 순간 사라져버린다는 것이다. 하지만 2호점을 오픈하거나 매장의 규모가 커지는 등 사업이 확장되면 또 다시 문제점이 발생하는 악순환이 되풀이된다.

나는 여러 시행착오와 문제점을 해결하기 위해 오랜 세월에 걸쳐 전문가들의 자문을 구하거나, 매출이 높은 매장을 벤치마킹하거나, 수백만원짜리 전문 컨설팅 교육을 받거나, 전문 서적을 탐독하는 등 많은 노력을 기울였다. 이 책은 이러한 과정의 결과물이다.

이 책을 쓰는 동안 가장 어려웠던 점은 기존의 수많은 이론 중 현장에서 가장 유용하고 필요한 핵심 이론만 남기는 것이었다. 물론 남에게 알려주고 싶지 않은 지식도 많았다. 그러나 내 것을 숨기고 나만 알고 있는 것보다 내가 가지고 있는 기술과 능력을 공유할수록 더 크게 그려지고, 함께 성장한다는 것을 깨달았다.

독자들에게 당부하고 싶은 것은 전문 컨설팅은 운영 노하우나 영감을 줄 뿐, 그것을 내 것으로 만드는 일은 전적으로 자신에게 달려 있다는 것이다.

여러분들은 이 책을 통해 많은 세월이 지나야 알 수 있는 것들을 불과 2~3시간 만에 배울 수 있다. 하지만 이 책에 담겨 있는 노하우를 자신의 것으로 만드는 것은 온전히 여러분의 몫이다. 직접 실천해 보고 시행착오를 겪어봐야만 비로소 자신의 지식으로 만들 수 있다.

단점이 많은 나를 믿어 주고, 인내심을 발휘해 준 공동 저자 김민회 대표님께 큰 감사를 드리며, 이 책이 독자 여러분의 인생살이에 많은 도움이 되기를 진심으로 기원한다.

저자 남우현

목차

준비마당 살아남기 위한 매출공식 배우기

01 지금 당장 살아남기 위한 마케팅 — 14
02 공식으로 풀어보는 매출 증대의 법칙 — 20
03 고정 고객을 만드는 단골의 공식 — 24
   현장의 목소리 ▶ 재방문율 감소의 의미란? — 31
04 한번 온 고객 두 번 오게 하라 — 32
   현장의 목소리 ▶ 재방문 예약은 언제가 좋을까? — 41
   현장의 목소리 ▶ 라포란? — 43

첫째마당 매출을 늘리는 3단계 비법 Ⅰ
고객과 친해지는 비법

05 고객의 의심을 무너뜨려라! — 46
06 고객의 저항 심리를 없애는 NLP 기술 — 51
07 '급'이 다른 칭찬의 기술 — 55

08 고객을 신나게 하는 질문의 기술	58
09 지갑을 열게 하는 경청의 기술	62
10 재방문을 이끄는 고객소환 솔루션	67
현장의 목소리 ▶ 청결함을 최우선으로 하라	69
11 체험 마케팅, 이래서 중요하다!	71
12 첫 방문 이후 고객 이탈을 낮추는 노하우	76

둘째 마당 — 매출을 늘리는 3단계 비법 Ⅱ
고객이 고객을 데려오게 하는 비법

13 신규 고객 창출, 소개가 답이다	82
14 소개시켜줄 고객은 따로 있다	85
현장의 목소리 ▶ 재방문 시에는 반드시 이름으로 접객하자	86
15 고객에게 소개 명령어를 주입하라	90
16 고객을 영업부장으로 만드는 방법	97

셋째마당 매출을 늘리는 3단계 비법 Ⅲ
객단가 2배 높이는 비법

17 고객도 잡고, 직원도 잡는 객단가의 중요성   104
    현장의 목소리 ▶ 선불권의 장점   107

18 선불권 판매 3단계 공식   109

19 전문가처럼 보여라!   113
    현장의 목소리 ▶ 디자이너, 나만의 캐릭터를 만들어라!   116

20 고객은 비싸도 구매한다   119

21 'Yes'를 이끌어내는 클로징 기법   122
    현장의 목소리 ▶ 트리트먼트를 미용실에서 해야 하는 이유?   126

22 프리미엄 서비스 효과적으로 판매하는 법   129

23 객단가를 올리는 메뉴 구성   135
    현장의 목소리 ▶ 효율적인 클리닉 메뉴 구성   140

넷째마당 잘 나가는 가게를 만드는 상권분석

24 고객을 부르는 가게 입지   146

25 몰라서 못하는 빅데이터를 이용한 상권분석   151
    현장의 목소리 ▶ 상가 분양면적과 전용면적   154

26 레드오션 속 블루오션 찾는 법	160
27 고객이 몰리게 하는 공간경쟁력	164

다섯째 마당 상권이 나빠도, 가격이 비싸도, 잘되는 법

28 장사를 잘하는 것과 경영을 잘하는 것은 다르다	172
29 열정적인 디자이너가 열정적인 오너가 된다	177
30 내부 고객을 만족시키는 인테리어의 중요성	184
31 첫 방문 마케팅이 전부가 아니다	188
32 경영 성공은 직원 교육에 달렸다	193
33 직원을 스스로 일하게 만들어라	197
34 직원 구인도 마케팅의 일종이다	203
35 꼰대 원장 되지 않는 법	206
36 2호점 오픈이 세상에서 제일 어려웠어요	211

들어가며

"더 비싸도 더 많이 판매할 수 있다."

더 비싸게 판매하면서도 더 많은 고객을 오게 할 수는 없을까? 바늘 하나 들어가지 않을 것 같은 고객도 95% 감성과 5%의 이성으로 물건을 구매한다. 판매의 핵심은 고객과 탄탄한 신뢰관계를 쌓는 것이다. 이를 바탕으로 고객과의 파트너십이 형성되면 가격과는 무관한 비즈니스가 가능해진다. 일단 관계가 돈독해지면 가격을 놓고 흥정하려 하지 않기 때문이다. 설사 실수를 하더라도 고객은 안타까워하며 당신을 걱정해 줄 것이다.

그렇다면 신뢰관계는 어떻게 형성해야 할까? 그 해답은 인간의 행동 심리 속에서 찾을 수 있다. 첫째마당에서 셋째마당까지는 처음 방문한 고객의 심리장벽을 허물어 그들을 단골로 만들고, 단골이 스스로 새로운 고객을 창출하게 하고, 그들이 돈을 쓰게 하는 방법을 소개한다.

이러한 방법을 소개함에 있어 고객을 원하는 방향으로 행동하도록 만들기 위해 실제 최면 심리 치료사들이 현장에서 사용하고 있는 방법과 일류 세일즈맨이 실제로 행하고 있는 세일즈 프로세스를 전달하고자 한다. 단순히 이론만을 나열한 것이 아니라 이 책에 나와 있는 내용을 그대로 따라 하기만 해도 실제 현장에서 성과를 거둘 수 있도록 구성했다.

장사는 자리가 반이다. 넷째마당에서는 대기업의 빅데이터 분석을 상권분석에 활용하여 임대료가 저렴하면서도 높은 매출이 기대되는 입지를 찾는 노하우를 전달한다. 현장에서 미용실만 100개 이상 오픈하며 터득한 지식이므로 좋은 자리를 찾는 예비 자영업자뿐만 아니라 프랜차이즈 점포 개발 담당자들에게 많은 도움이 될 것이다.

준비마당부터 넷째마당까지는 1인 가게 혹은 소규모 사업장에서 당장 써먹을 수 있는 내용을 담았다. 하지만 사업 규모가 확장될 경우, 기존 방식이 무용지물이 되는 시점이 반드시 온다. 이 시점이 도래하면 기존과 다른 방식으로 접근해야 매출을 늘릴 수 있다. 여기서 '다른 방식'이란 내부 인재를 양성하는 교육 서비스 업종의 형태를 갖춰야 한다는 것을 의미한다. 마지막 다섯째마당에서는 사업규모가 확장되었을 때의 마케팅과 내부 인재를 양성하는 노하우를 휴이엠컴퍼니의 김민회 대표의 실제 경험을 통해 알아보겠다.

✂ **Salon Marketing**

01 지금 당장 살아남기 위한 마케팅
02 공식으로 풀어보는 매출 증대의 법칙
03 고정 고객을 만드는 단골의 공식
04 한번 온 고객 두 번 오게 하라

준비
마당

살아남기 위한
매출공식 배우기

지금 당장
살아남기 위한 마케팅

창업 성공 요인은 따로 있다

요리 기술이 뛰어난 사람이 식당을 창업하면 무조건 성공할까? 만약 음식맛이 식당 창업의 성패를 결정한다면 호텔 주방장의 창업은 반드시 성공해야 한다. 하지만 우리 주변에는 유명 요리사가 창업한 식당이 망하는 경우가 많다.

만약 지인이 "내가 만든 음식, 진짜 맛있지 않아? 그래서 난 식당을 창업할거야!"라고 말한다면 어떤 조언을 해야 할까? "친구야 요즘 맛없는 식당이 어디 있어? 그건 기본이지. 어디에서 창업할 건데? 인테리어는? 또 주방장과 직원 관리는? 매출이 높아도 비용이 많으면 헛장사야. 그리고 마케팅은 어떻게 할 건데? 차라리

취업을 먼저 해보고 창업은 천천히 하는 게 어때?"와 같이 진심 어린 충고를 할 것이다.

이 조언을 살펴보면 식당 창업의 성공 여부는 음식맛뿐만 아니라 다른 요인에 의해 결정된다는 것을 알 수 있다.

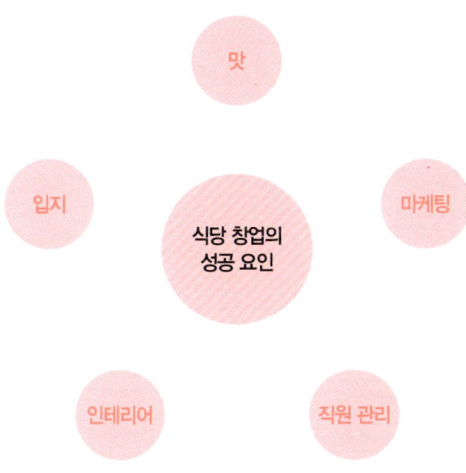

그런데 재미있는 사실은 지인이 창업할 때 훈수는 잘 두면서 정작 본인이 미용실을 창업할 땐 다른 요인은 등한시하고 한두 가지 기본 요인에만 집중한다는 것이다.

고객의 입장에서 보면 식당에서 파는 음식이 당연히 맛있어야 하는 것처럼 미용실에서 머리를 잘해야 하는 것은 어찌 보면 당연하다. 그렇다면 아까의 훈수에서 볼 수 있듯이 중요한 것은 기술이 아니라 바로 다른 요인이다.

미용실 창업의 성공요인

역세권에 위치한 ○○미용실 원장의 커트비는 6천원이다. 이 원장은 "청담동에서 3만원 받는 커트와 다를 바가 없어"하며 자신의 기술에 대한 자부심이 크다. 이렇게 동네에서 6천원짜리 커트를 하는 분도 자신의 기술에 자부심이 대단하지만 지금은 더 이상 기술 하나만 가지고는 살아남기 힘든 시대가 되었다.

더욱이 최근에는 미용 기술이 없거나, 원장이 직접 시술을 하지 않아도 높은 매출을 올리는 미용실이 늘어나고 있다. 이런 현상을 보더라도 미용실 창업의 성패는 미용기술로 결정되기보다는 기술 외적인 요인에 의해 좌우된다는 것을 알 수 있다.

좋은 자리에 권리금을 주고 미용실을 오픈하면 손님들이 "어! 미용실이다."라며 들어올까? 좋은 자리에 창업을 하는 것이 유리한 것은 사실이나 이 방법도 그렇게 긍정적이진 않다.

좋은 자리에 식당을 차렸다고 해서 사람들이 식당을 바로 이용하는 것이 아니다. 사람들은 새로운 것에 대한 호기심도 있지만 '맛도 없으면서 비싸기만 하면 어쩌지?'와 같은 저항심리도 있다. 그래서 많은 가게들이 오픈 이벤트를 진행하며 문턱을 낮추는 전략을 펼치고 있다.

가격이 싸다고 고객이 오는 것은 아니다

설렁탕 집에서 오픈 한달 동안 7천원짜리 설렁탕을 4천원에 판매한다면 설렁탕을 좋아하는 사람은 오늘도 먹고 내일도 먹고 모레도 먹을 수 있을 것이다. 또 동료들이 "오늘 점심은 설렁탕이나 먹으러 가자"하면 단체로 우르르 몰려 갈 것이고 맛있으면 내일도 또 갈 수도 있다.

미용실 창업에도 이러한 이벤트를 적용할 수 있을까? 오픈 이벤트 중 하나로 '펌, 염색 기장 추가 없이 2만원'이라는 문구를 써서 가게에 붙여 놓는다면 손님들이 몰려올까? 고객의 입장에선 '2만원으로 펌, 염색을 할 수 있는 미용실은 많아. 그리고 아직 머리를 할 때도 아닌걸'이라고 생각할 수 있고, 조금 비싸더라도 계속 친분을 쌓은 미용실이 있어서 굳이 새로운 매장을 방문할 이유가 없을 수도 있다.

식당은 당장 배가 고프지 않더라도 가격이 저렴하면 오늘 저녁 혹은 내일 점심에 방문할 수도 있지만 미용실은 가격이 싸다고 무조건 찾아오지 않는다.

당장 가고 싶다는 생각이 들어도 아직 머리 할 때가 되지 않았기 때문에 바로 소비로 이어지지 않는다. 그렇기 때문에 높은 권리금을 주고, 유동인구가 많은 자리에 점포를 얻어, 오픈 이벤트를 해도 고객들은 생각만큼 몰려오지 않는다. 그뿐만 아니라 경쟁 관계에 있는 미용실은 선불권과 제품 키핑 서비스로 자신들의 고객이 경쟁점으로 이동하지 못하도록 묶어두고 있다.

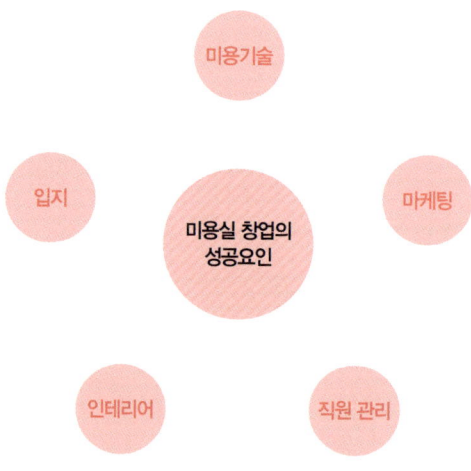

이미 창업을 저질렀다면, 마케팅에 집중하라!

자 그렇다면 이미 창업을 저지른 경우에는 어디에 집중하는 것이 가장 효율적일까? 미용기술? 미용실에서 머리를 잘해야 하는 것은 당연한 것이다. 입지? 이미 고정되어 있어 점포를 매각하지 않는 한 변경할 수 있는 요소가 아니다. 인테리어? 변경할 수는 있지만 변경 시 큰 비용이 필요하다. 관리방법? 아무리 관리능력이 좋다고 해도 고객이 있고 매출이 있어야 관리가 필요하다.

이러한 상황을 종합해봤을 때 이미 창업을 저지른 상태에선 비용 대비 효율을 극대화하는 방법은 바로 마케팅에 집중하는 것이다.

이 책은 성공하는 미용실을 만들기 위한 영업 기술이 모두 담겨 있다. 한번 온 고객을 단골로 만드는 방법을 3단계에 걸쳐 설명하며 미용실뿐만 아니라 단골 고객을 만들어야 하는 소규모 자영업자가 쉽게 따라할 수 있는 정보가 가득하다. 하나하나 살펴보면서 성공 창업의 노하우를 배워보자.

공식으로 풀어보는 매출 증대의 법칙

필승 공식은 간단하다

이제 막 창업을 했거나 준비하는 사장님들에게 가장 중요한 것은 무엇보다 매출일 것이다. 매출은 도대체 어떻게 올릴 수 있을까? 막연함이 앞선다면 최대한 문제를 단순하게 만들어 본질을 파악하는 것이 좋다.

가게의 월 매출은 가게에 방문한 고객들이 쓴 돈이 모여 만들어진다. 따라서 매출 공식은 월간 유입된 고객수에 고객 1명이 소비하는 금액인 객단가를 곱하면 된다.

월 매출 = 월간 고객수 × 객단가

이러한 공식을 봤을 때 결국 매출을 올리는 가장 간단한 방법은 방문하는 고객수를 늘리거나 객단가를 올리는 것이다. 하지만 객단가를 올리는 방법은 신중하게 접근해야 한다. 경쟁력을 충분히 확보하지 못한 상태에서 단가를 올리면 기존 고객이 이탈할 수 있기 때문이다.

매출 증대의 핵심 요소는?

결국 안전하게 매출을 증대시키는 방법은 고객수를 늘리는 것이다.

매장 방문 고객은 신규로 방문하는 고객과 재방문 고객으로 구분할 수 있다. 매출 공식을 한 단계 더 발전시키면 아래와 같다.

> **월 매출 = 월간 고객수(신규 고객 + 재방문 고객) × 객단가**

새로 도출한 공식에 따르면 매출을 올리는 방법은 ① 신규 고객수 늘리기, ② 재방문 고객수 늘리기, ③ 객단가 올리기로 구분할 수 있다.

문제는 방법을 알아도 지금 현 상황에서 바로 실행할 수 있느냐, 혹은 실행했더라도 지속적으로 진행할 수 있는가이다.

예를 들어, 블로그 마케팅의 경우 블로그를 만드는 것보다. 고객이 검색했을 때 내가 만든 블로그가 검색결과 상위에 얼마나 노출이 되는가가 더 중요하다. 다시 말해서 블로그를 만드는 것보다 검색결과가 상위에 노출되게 하는 최적화 과정이 훨씬 더 중요하다. 여기서 문제는 많은 사람이 블로그 최적화의 구체적인 방법도 모를 뿐더러 시간만 들이고 눈에 띄는 결과는 얻지 못한다는 것이다. 그래서 많은 자영업자가 블로그 마케팅을 지레 포기하곤 한다.

최근에 유행하고 있는 제품 키핑 서비스는 초기 도입 시 제품을 구비해두기 위해 목돈을 지불해야 한다는 장벽이 있고, 구성원들이 협조하지 않으면 그 제품들이 그대로 악성 재고로 남게 된다는 단점이 있다. 고객을 늘리기 위해 열심히 노력했는데 돈과 시간만 들이고, 실질적인 효과는 전혀 보지 못하는 것이 보편적인 업계의 현실이다. 그렇기에 미용실에서 할 수 있는 실질적인 마케팅은 다음과 같다.

① 실행 시 금전적인 부담이 없어야 한다.
② 준비하는 기간이 짧거나 없어야 한다.
③ 효과도 바로 나타나야 한다.

이는 미용실이 아니더라도 소규모 사업장을 운영하는 자영업자라면 한 번쯤 고민해본 문제일 것이다. 이 조건들을 만족시키면서, 마케팅 효과를 극대화할 수 있는 방법이 과연 존재할까?

03 Salon Marketing

고정 고객을 만드는 단골의 공식

고객수를 늘리는 다양한 방법

앞에서도 말했듯이 매출을 올리는 데에는 고객수를 늘리거나 객단가를 올리는 방법이 있다. 그런데 무작정 객단가를 올리면 기존 고객이 이탈하여 매출이 오히려 줄어드는 단점이 있다. 하지만 고객수를 늘리려고 무차별적인 할인이나 저단가 정책을 실행할 수도 없는 노릇이다.

저단가 정책을 펼치고 있는 미용실

현재 미용업계에서는 토O헤어, 헤O망고, 슈가OO헤어, 지O헤어 등이 '기장 추가 없이 펌·염색 2만원'이라는 문구로 고객을 유혹하는 저단가 정책을 펴고 있다. 심지어 어떤 미용실 브랜드는 파격가 15,000원을 내걸기도 한다.

만약 개인이 운영하는 소규모 미용실이 대형 프랜차이즈 미용실과 가격 경쟁을 한다면 밀릴 수밖에 없고 계속할 수도 없다. 즉, 우리는 불특정 다수의 고객을 대상으로 낮은 가격을 내세우는 마케팅이 아니라 내 미용실에 딱 맞는 고객을 찾아내 그들에게 집중하는 마케팅을 해야 한다.

기존 고객을 한 번 더 오게 하자!

손님에게 감정이입을 해보자. 대부분의 손님은 한 번도 방문해보지 않은 곳에 대한 저항심리가 있기 때문에 자기가 익숙한 체인점을 주로 이용한다. 이미 해당 매장의 가격과 서비스 품질을 알고 있기 때문이다.

이를 고객수를 늘리는 방법에 적용해보자. 매장을 한 번도 이용해본 적이 없는 고객과 매장을 단 한 번이라도 이용해본 경험이 있는 고객이 있다면, 어떤 고객이 한 번 더 방문하게 하는 것이 쉬울까? 매장을 한 번이라도 방문해본 고객을 한 번 더 방문하게 하는 것이 신규 고객을 새로 유입시키는 비용(시간+금전)보다 효율적이다.

문제는 한 번 온 고객을 두 번 오게 하는 것이 그렇게 간단한 문제가 아니라는 점이다. 직원들을 대상으로 한 설문조사에서 "신규 고객 100명을 몰아주면 몇 명의 고객을 재방문하게 할 수 있습니까?"라고 질문하자 대부분의 직원이 50명 정도는 가능하다고 호기롭게 답변했다.

하지만 재미있게도 결과는 달랐다. 로이드밤에서 매출 천만 원 이상인 상위 디자이너의 경우 신규 고객 100명당 재방문율은 25% 수준이었고, 매출 천만원 미만인 디자이너 역시 20% 수준이었다. 이는 상위 디자이너에게 신규 고객 100명을 몰아준다 하더라도 이중 75명은 자연스럽게 이탈한다는 것을 의미한다.

이 설문조사 결과에서 알 수 있듯이 많은 사람이 고객의 재방문율을 높이는 것을 쉽게 생각하는 경향이 있지만 막상 현실은 달랐다.

한 번 온 고객을 두 번 오게만 만들어도 가게의 매출은 늘어난다. 즉, 신규 고객 재방문율을 25%를 35%로 10%p만 올려도 단기적인 매출이 30% 이상 올라간다.

재방문율 5%p의 차이

디자이너라면 매일 4명의 고객을 시술하는 것과 5명의 고객을 시술하는 것의 매출 차이를 잘 알고 있을 것이다.

이를 재방문율 20%와 25%로 비교해보자. 단기적으로 20명의 신규 고객을 받았을 경우 이중 25%는 5명(20×0.25)이 되고, 20%는 4명(20×0.2)이 된다. 처음 3~4개월은 매출 차이가 거의 없다고 해도 이 5%p의 차이가 5~6개월 동안 쌓이면 고성과자(25%)와 저성과자(20%)는 확연하게 드러날 수 밖에 없다.

재방문율을 늘리면 단골이 창출된다

신규 고객 재방문율의 증가가 단순히 고객수의 증가만을 의미하는 것은 아니다. 사실 신규 고객이 재방문할 경우 재방문 고객으로부터 파생되는 효과(매출)는 상상 이상이다.

첫 방문 고객이 다시 방문하기까지 3개월이라는 기간이 걸린다고 가정하고, 고객을 두 그룹으로 분류해보자. 첫 방문 후 3개월 이내에 재방문한 적이 없는 그룹을 A그룹, 첫 방문 후 3개월 이내에 재방문한 고객 그룹을 B그룹이라고 가정하자.

이 두 그룹을 대상으로 2년 동안 매장을 10번 이상 이용한 소위 단골 고객이 발생하는 비율이 얼마나 다른지 조사해 보았더니 A그룹보다 B그룹의 비율이 7배 이상 많았다.

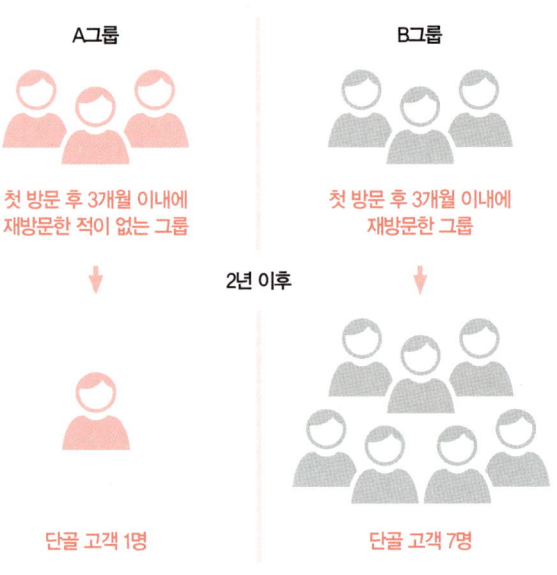

즉, 3개월 이내에 방문한 적이 없는 고객보다 3개월 이내에 재방문한 고객이 고정 고객이 될 확률이 7배나 높다는 것이다. 이와 같은 결과는 다른 가게도 마찬가지였다.

참고문헌 : 타카다 야스히사, 『한번고객 백번오게하라』, (스펙트럼북스, 2011), 33쪽

고정 고객이 미용실의 매출을 좌우한다

미용실에서 2년 동안 10번 이상 방문하는 고객은 고정 고객, 즉 단골 고객이라고 가정하고, 그들이 2년 동안 미용실에 방문했을 때 발생하는 매출을 계산해보자. 고정 고객 1명이 2년 동안 화학적 시술(펌, 염색 등)을 한다고 가정하고, 2년 동안의 방문 횟수(약 10회)에 평균 객단가를 곱해주면 된다.

> **매출 = 10회 × 평균 객단가**

평균 객단가는 펌, 염색 등 화학적 시술 총액에서 고객수를 나누어 주면 된다.

> **평균 객단가 = 시술 총액 ÷ 고객수**

예를 들어, 미용실의 화학적 시술 총매출이 2,000만원이고 화학적 시술을 한 고객수가 200명인 경우의 평균 객단가는 10만원

이다.

> 2,000만원 ÷ 200명 = 10만원

즉, 고정 고객 1명을 만들면, 2년 동안 그 1명이 100만원을 미용실에 지출하고 있는 것으로 해석할 수 있다.

> 고정 고객 = 2년간 10회 방문 × 10만원 = 100만원

다시 정리하면 신규 고객을 3개월 이내에 재방문하도록 하면 2년 안에 10번 방문하는 고객을 만들 확률이 7배나 높아진다. 즉, 이 고정 고객은 2년 동안 100만원을 쓰는 단골 고객이 된다. 따라서 어떠한 방법을 쓰든 신규 고객을 3개월 이내에 재방문하도록 해야 한다.

현장의 목소리

재방문율 감소의 의미란?

가게의 매출이 떨어질 것으로 예상할 수 있는 이상 신호 중 하나로 재방문율 감소를 들 수 있다. 재방문율이 떨어지고 있다는 것은 처음 방문한 고객들이 다른 매장으로 이탈하고 있다는 것을 의미하며, 이는 경쟁력이 약화되고 있다는 증거라고 할 수 있다. 치열한 경쟁 속에서 예년과 똑같은 기술, 접객 서비스를 제공한다면 고객의 입장에선 가게의 수준이 점점 떨어지는 듯한 느낌을 받을 것이고, 이는 고객이탈로 연결된다. 따라서 매출 변동이 없더라도 재방문율이 떨어지고 있다면 가격, 기술, 접객 서비스를 처음부터 재검토해야 한다.

한 번 온 고객
두 번 오게 하라

재방문하지 않는 80%의 마음을 들여다보자

앞서 말했듯 "신규 고객 100명을 몰아주면 당신은 몇 명을 재방문시킬 수 있습니까?" 라는 질문에 대부분의 디자이너들은 50명 정도를 얘기하지만 현실은 100명 중 약 20명 정도의 고객만 다시 방문하고 있다. 그렇다면 나머지 고객들은 왜 방문하지 않는 것일까?

고객의 마음에 이입해보자. 맛있는 식당이 있다면 거리가 멀어도 일부러 찾아가고, 심지어 기다리기까지 한다. 하지만 한 번 방문한 뒤 다시는 찾지 않는 식당이 더 많다. 왜 우리는 다시 찾지 않는 것일까? 원인은 의외로 간단하다. 식당에 불만족했기 때문이다.

불만족의 원인은 맛, 서비스, 가격 등 다양하다. 하지만 우리는 불만족을 잘 표현하지 않는다. 우리는 '그냥 그렇네' 혹은 '다시는 오지 말아야지!'하며 속으로만 생각한다. 고객은 잔인하게도 식당의 사장이나 종업원들이 불만족의 원인을 전혀 알지 못하게 한다.

미용실 고객들도 마찬가지다. 무엇이 불만족스러웠는지, 왜 재방문하지 않는지 전혀 표현하지 않는다. 발걸음만 돌릴 뿐이다.

100% 만족시킬 수는 없다

어떤 업종이든 고객을 100% 만족시키는 것은 사실상 불가능하다. 또 디자이너의 입장에서 고객 클레임은 스트레스일 수밖에 없다. 그래서 클레임 없이 조용히 넘어가기를 바란다. 그러나 경영자의 입장에서 고객의 클레임을 바라보면 수면 아래에 감추어져 있던 거대한 숫자들이 드러난다.

만약 1건의 클레임이 접수되었다면 그것은 단순히 1건의 불만을 의미하는 것이 아니다. 1건의 클레임 뒤에는 평균 17명의 불만 고객이 존재한다. 이중 13명은 경쟁 미용실로 옮겨간다. 17건의 불만 중 4건은 경영자가 꼭 해결해야 할 중요한 의견이지만 나머지 13건(77%)은 디자이너가 조금만 신경쓰면 해결할 수 있는 사소한 불만이다.

이들의 불만은 개인의 불만으로 끝나지 않는다. 17명 중 6명 (31%)은 "여기는 비싸고 머리도 못하는 미용실이다."라고 소문을 내고 다닌다.

하지만 이 모든 말들은 미용실 밖의 공간에서만 돈다. 고객은 잔인하게도 자신이 다시 방문하지 않는 이유를 미용실에는 전혀 이야기 하지 않는다.

정리하면 1건의 클레임의 배경에는 17명의 불만 고객이 있고,

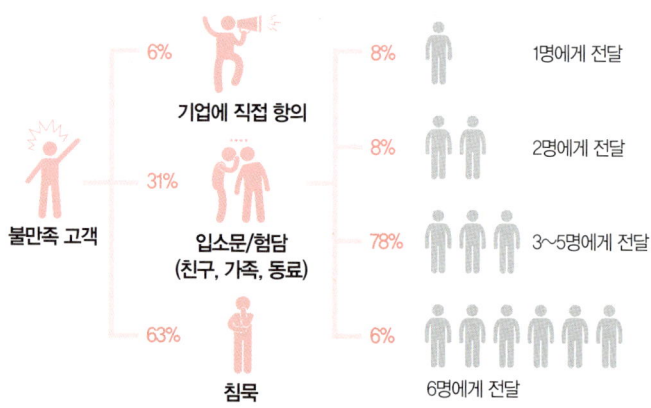

이중 13명은 이미 타 미용실로 옮겨갔고, 6명은 여러 곳에 좋지 않은 소문을 내고 있다.

중요한 것은 말이 없는 17건의 불만족 고객 중 13건(77%)은 사실상 쉽게(작은 비용으로) 해결할 수 있는 클레임이다. 이 13건의 불만족을 해결하면 9명(55%)은 재방문하게 만들 수 있다.

고객은 불만을 말하지 않는다

식당으로 다시 가보자! '그냥 그렇네. 다시는 오지 말아야지!' 하며 속으로 생각하고 있는데 식당 종업원이 다가와 "혹시 불편함은 없으신지요? 음식은 괜찮았는지요?"라고 묻는다면 과연 고객은 속으로 생각하고 있는 미묘한 문제들을 구체적으로 말할 수 있을까? 어떤 일이든 솔직히 대답했을 때 그 문제가 해결되기는커녕 더 복잡해지는 경우가 많다. 굳이 입 밖으로 꺼내도 되지 않을 미묘한 문제라고 판단한다면 대부분 불만을 숨기고 "아니요. 괜찮았어요!"라며 가볍게 넘기곤 한다.

자 그러면 미용실은 어떨까? 고객이 자신의 속마음을 진심으로 미용실 디자이너나 원장에게 설명을 할까? 지금까지 살아온 경험에 비추어 봤을 때 이런 일은 거의 일어나지 않는다.

일단 오게 하라!

불만고객의 77%는 대체로 가벼운 불만을 품고 있다. 즉, 가벼운 불만만 잘 해결해주어도 불만고객의 55%를 재방문 고객으로 만들 수 있다. 문제는 불만을 품은 고객이 누군지 모른다는 것이다. 불만을 품은 고객이 누구인지만 알아도 이후의 일은 쉬워진다.

재방문율을 높이는 것과 단골 고객수를 늘리는 방법은 서로 분리되어 있는 것이 아니다. 가벼운 불만고객만 신경써도 그들의 재방문율이 높아지고 고객을 단골 고객으로 붙잡을 수 있다.

대부분의 미용실은 고객의 재방문을 위해 고객의 번호로 문자메시지를 보내거나, 할인권을 주거나, 포인트를 적립해주고 있다.

하지만 50% 할인권이라 하더라도 재방문할 경우 돈을 지불해야 한다. 이런 경우, 고객은 다른 미용실에서도 할인되었을 때의 가격과 유사한 가격으로 시술받을 수 있다고 생각한다. 펌과 염색을 기장추가 없이 2만원에 시술해 주는 미용실이 얼마나 많은가? 그리고 첫 방문 때 시술받은 머리가 마음에 들지 않을 수도 있다. 머리가 맘에 들지 않는데 할인권을 주었다고 해서 다시 방문하는 고객은 없을 것이다.

가장 좋은 방법은 고객이 아닌 디자이너의 일정에 맞추어 고객의 재방문 확률을 70%까지 끌어올리는 것이다. 예를 들어, 카페에서 고객 재방문을 유도하는 쿠폰을 본 적이 있을 것이다.

카페에서 발행하는 쿠폰의 목적은 고객을 10번까지 방문하게 만드는 것이지만 신규 고객 재방문율에는 전혀 영향을 미치지 못한다. 고객의 재방문을 획기적으로 늘리려면 아래와 같이 쿠폰을 바꾸면 된다.

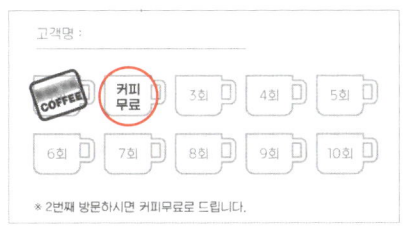

커피 쿠폰은 하나의 예시일 뿐 이렇게 만들라는 것은 아니다. 다만 위 쿠폰처럼 혜택의 순서만 바꾸면 대부분의 신규 고객이 재방문할 것이다. 왜냐면 두 번째 방문했을 때 바로 혜택을 받을 수 있기 때문이다. 그리고 고객이 임의로 방문하는 것이 아니라 첫 방문 때 만났던 디자이너와 예약한 뒤 방문하는 것이라면 재방문 확률을 70%까지 끌어올릴 수 있을 것이다.

재방문 시 무엇을 서비스할까?

무료 시술에도 종류가 많다. 커트를 무료로 해줄 수도 있고 펌, 염색 등의 화학적 시술도 가능하다. 그러나 펌이나 염색 혹은 커트를 무료로 해주면 고객을 한 번 더 만나는 기회를 잃어버리게 된다. 펌이나 염색은 시술이 유지되는 기간이 길어서 고객이 그동안 물색해 놓은 다른 미용실로 이동하기 쉽기 때문이다.

이때 무료로 제공하는 서비스는 고객이 디자이너와 만나는 기회를 추가로 만들면서 고객 입장에서도 재방문할 만큼의 매력이 있어야 한다. 펌, 염색, 커트를 제외하고 남은 품목은 바로 클리닉이다. 이 경우 어느 미용실에서나 쉽게 접할 수 있는 저렴한 기본 클리닉이 아니라 상위 단계의 프리미엄 클리닉이어야 고객의 재방문을 이끌 수 있다.

　미용실마다 차이는 있지만 보통 기본 클리닉은 샴푸 서비스 후 고객의 모발 상태에 따라 필요한 약제를 도포한 뒤 열처리로 마무리한다.

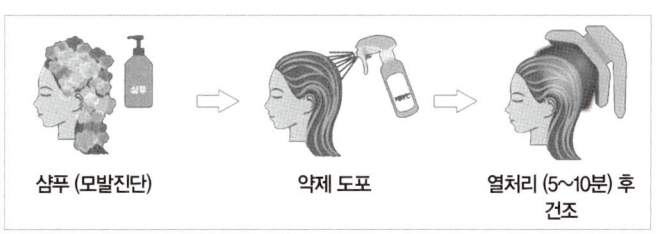

　하지만 프리미엄 클리닉은 위와 같은 기본 클리닉에 고급 약품이 추가 제공된다. 모발의 손상도와 특성에 따라 다른 약제가 도포되며 기본 클리닉이 2~3번 반복된다.

클리닉 서비스의 효과

이 무료 클리닉 시술은 강력한 세 가지 효과가 있다. ① 고객을 최대한 미안하게 만들고, ② 클리닉을 진행하면서 고객의 불만족 사항을 해결하고, ③ 고객이 평소 접하기 어려웠던 프리미엄 클리닉 서비스를 체험하게 하는 것이다.

의아해하는 사람도 있을 것이다. 고객을 재방문하게 만들기 위해 좋은 서비스를 제공하는 것도 중요하지만 발생하는 비용도 무시하지 못하기 때문이다. 하지만 이렇게 묻는다면 어떨까? '2년 동안 100만원을 쓰는 고객을 창출하기 위해 미용실 원장과 디자이너는 얼마까지 투자할 수 있는가?'라고 말이다.

쉽게 말해 '나에게 100만원을 벌게 해주는 고객 1명을 만들기 위해 신규 고객 1명당 얼마의 돈을 투자할 수 있느냐?'라는 질문을 하면 많게는 10만원부터 적게는 3만원 정도는 투자 할 수 있다고 대답한다. 만약 고객에게 1만원을 투자해 100만원을 벌어주는 고객으로 만들 수 있다면 고객에게 1만원을 무조건 투자할 것이다.

비용을 따져보자. 프리미엄 클리닉이라고 해도 제품 원가로는 3천원이 넘지 않는다. 또 시술 스케줄을 디자이너의 일정(한가한 시간)에 맞추었기 때문에 기회비용을 낭비하는 것도 아니다. 이 두 가지를 투자해 얻을 수 있는 이점은 아래와 같다. ① 고객 불만족사항을 해결하여 고객이탈을 방지하고, 재방문율을 높인다. ② 고객이 미안한(=무료 시술을 받았다) 감정이 생겼을 때 다른 고객 소개를 유도해 신규 고객을 창출할 수 있다. ③ 고가의 프리미엄 클리닉을 체험하게 함으로써 고가 서비스에 대한 거부감을 줄여 객단가를 올릴 수 있다.

 재방문 예약은 언제가 좋을까?

펌이든 염색이든 화학약품과 열처리가 동반되기 때문에 모발이 손상될 수밖에 없다. 그래서 대다수의 디자이너들은 화학적 시술 시에 클리닉 시술을 병행하는데 이 시술의 지속력은 길지 않다. 그래서 재방문 스케줄은 클리닉 효과가 떨어지는 시점인 7~10일 후 디자이너 일정에 맞추어 잡는 것이 좋다.

돈독한 신뢰관계 형성이 우선이다

고객은 95% 감성과 5%의 이성으로 구매한다. 그러므로 신뢰관계를 쌓고 고객이 진정으로 원하는 바를 파악해 고객과 파트너 관계를 유지하면 가격과는 무관한 비즈니스를 할 수 있게 될 것이다. 왜냐하면 일단 돈독한 신뢰관계가 형성되면 가격을 놓고 흥정하는 일은 없을 것이기 때문이다.

이제부터 고객의 마음을 사로잡아 매출을 늘리는 비법을 3단계에 걸쳐 소개하려 한다. 첫째마당에서는 첫 방문한 고객의 저항심리를 없애고 라포(Rapport)를 쌓는 법, 둘째마당에서는 첫 방문 고객의 두 번째 방문을 이끌어 내면서 다른 신규 고객을 소개받는 법, 셋째마당에서는 고정 고객으로 자리매김한 고객이 돈을 더 쓰게 만들도록 유도하는 법을 학습할 것이다.

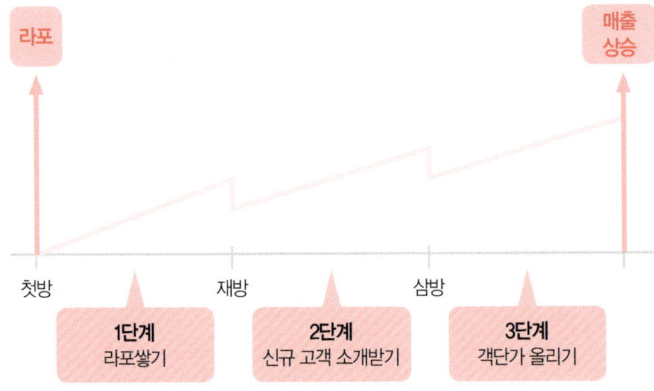

라포(Rapport)란?

두 사람 사이의 공감적인 인간관계 또는 그 친밀도를 의미하는 심리학 용어이다. '마음이 서로 통한다', '무슨 일이라도 털어놓고 말할 수 있다', '말한 것이 충분히 이해된다'라고 느끼는 관계를 말한다. 라포는 카운슬링·심리테스트·교육분야 등에서 중요시되는데, 특히 심리요법이나 최면요법에서는 단순한 언어에 의한 의사소통을 넘어 상호간의 개별적 세계에 접촉하는 것이 중요하기 때문이다.

Salon Marketing

05 고객의 의심을 무너뜨려라!
06 고객의 저항 심리를 없애는 NLP 기술
07 '급'이 다른 칭찬의 기술
08 고객을 신나게 하는 질문의 기술
09 지갑을 열게 하는 경청의 기술
10 재방문을 이끄는 고객소환 솔루션
11 체험 마케팅, 이래서 중요하다!
12 첫 방문 이후 고객 이탈을 낮추는 노하우

첫째
마당

매출을 늘리는
3단계 비법 I
고객과 친해지는 비법

고객의 의심을 무너뜨려라!

실제 방문을 유도하는 기술

낯선 곳에서 식사를 해결하기 위해 식당을 찾는다고 생각해보자. 정확한 정보와 목적이 없다면 대부분의 사람들은 예상되는 이미지에 따라 식당을 고르곤 한다. 누가 봐도 근사한 레스토랑을 발견하면 바로 들어갈까? 가격이 비싸진 않을까?, 비싼데 맛이 없으면 어떡하지? 등과 같은 고민을 하게 된다. 그런데 입구에 이달의 이벤트로 제공하는 공짜 음식이나 할

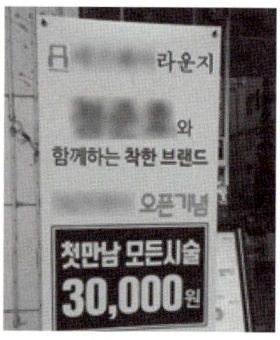

첫 방문 고객 할인 POP

인 가격이 표시되어 있다면 어떨까? 사람들은 이 작은 유인에 걸려서 별 고민 없이 식당에 들어간다.

미용실도 마찬가지다. 미용실 앞을 그냥 지나치는 사람들의 발걸음을 붙잡기 위해서는 약간의 이벤트가 필요하다. 할인 이벤트를 진행한다는 문구가 걸려있다면 고객은 보통 이렇게 생각한다.

> 3만원? 싼 게 비지떡 아니야? 머리를 망치면 어쩌지?
> 3만원이라도 갖은 옵션 붙여 가격을 올리겠지.
> 가격만 물어보고 비싸면 그냥 나와야겠다.

해당 이벤트를 보고 방문한 고객들은 디자이너에게 마음을 열기보다는 위와 같은 생각을 하면서 냉정하게 상담에 임할 것이다. 고객은 디자이너가 착한 사람인지, 무뚝뚝한 사람인지, 얼마나 실력이 있는지, 왜 디자이너가 되었는지 등에 대해서는 전혀 알지 못한다. 즉, 신규 고객과 디자이너 사이에는 아무런 친분관계가 없기 때문에 고객에게 중요한 것은 바로 수치(금전)이득일 뿐이다.

가장 먼저 눈에 들어오는 것은 가격!

고객과 디자이너 사이에 아무런 관계가 없다면 고객은 오직 수치로 따질 수 있는 이득에만 집중한다. 그래서 고객은 서비스 품질은 높고, 가격은 저렴하기를 바란다. 반대로 디자이너는 노동에 대한 정당한 대가를 받기를 원한다. 이처럼 고객과 기대치가 다르기 때문에 고객과의 첫 대면에서 디자이너들의 사기는 꺾이게 된다. 그래서 대부분의 미용실들이 수치적인 경쟁에만 몰입하게 된다.

이렇듯 고객은 저렴한 가격으로만 이용하려고 하기 때문에 디자이너 입장에서는 시간 대비 효율이 낮다. 그래서 미용실이 일은 힘들고, 돈은 안 된다는 이야기를 듣는 것이다.

이런 상황에서는 디자이너가 고객에게 아무리 좋은 것을 권해도 고객의 반응은 냉담할 것이다. '역시 3만원이 아니었잖아. 가격을 높일 줄 알았다니까. 하지만 나한테는 안 통해. 안 할 거야!'라는 생각으로 이어질 뿐이다.

고객의 저항 심리를 없애는 3가지 방법

아무리 디자이너가 고객을 진심으로 대한다 해도 고객의 입장에선 디자이너의 뻔한 영업행위로 여겨질 뿐이다. 뻔한 영업행위라고 생각하는 고객의 의심을 없애고, 디자이너를 신뢰하게 만들기 위해서는 인간의 기본욕구를 알아야 한다. 인간의 기본욕구를 알아야 고객들의 행동 동기를 알 수 있기 때문이다. 인간의 기본욕구는 아래와 같다.

> ① 인정받고 싶어 한다.
> ② 관심을 가져주길 바란다.
> ③ 중요한 사람으로 대접받고 싶어 한다.
> ④ 정신적·경제적으로 안정되고 싶어 한다.
> ⑤ 재산을 모으고 싶어 한다.
> ⑥ 새로운 경험을 하고 싶어 한다.

인정과 관심을 받고 중요한 사람으로 대접받고 싶은 것은 인간이라면 누구나 느끼는 감정이다. 디자이너는 고객에게 바로 이 감정에 대한 이득을 주어야 한다. 그래야만 고객의 저항 심리에 틈이 생긴다. 틈이 생기기 시작하면, 디자이너에 대한 고객의 저항이 없어지고 신뢰가 생긴다. 신뢰가 생기면 고객은 더 이상 디자이너의 말을 뻔한 영업 행위라 생각하지 않고, 경청할 것이다. 이 단계를 잘 거쳐야 이후 신규 고객 소개받기, 객단가 올리기가 무난하게 진행된다.

고객의 저항 심리를 없애는 NLP 기술

인간의 뇌를 프로그래밍하는 기술, NLP

NLP란 신경언어프로그래밍(Neuro linguistic Programming)의 약자로 1970년대 중반 캘리포니아대학교 언어학 교수 존 그린더와 수학과 심리학을 연구하던 리처드 밴들러가 함께 고안했다. 실용심리학의 한 분야로 인간 행동의 긍정적인 변화를 이끌어내는 모든 지식을 일컫는 말이다.

NLP 기술은 외상 후 스트레스장애, 즉 트라우마라는 마음의 병으로 고통받는 베트남 전쟁 참전자를 비롯하여 오랫동안 개선되지 못했던 공포증 등의 증상에 극적인 변화를 가져왔다. 한 번의 시도로 완전히 치료되는 경우도 있을 정도였다. 1980년대에

들어서 NLP는 치료기관은 물론 코칭, 비즈니스(마케팅), 스포츠 현장, 교육까지 범위가 넓어졌다.

NLP의 기본 프로세스

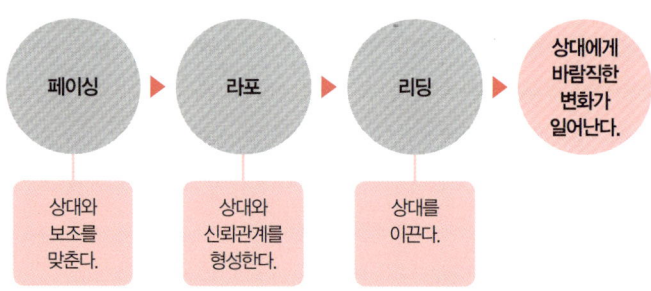

NLP는 크게 상대와 보조를 맞추는 페이싱, 상대와 신뢰관계를 형성하는 라포, 상대에게 변화를 요구하고 이끄는 리딩의 3단계로 진행된다. 상대에게 바람직한 변화를 일으키는 것이 NLP의 목적이다.

예를 들어, 처음 보는 사람이 따라오라고 해서 무턱대고 따라가는 아이는 없을 것이다. 사람은 무의식적으로 위험을 인지하고 그것을 방어하려는 본능을 가지고 있기 때문이다. 그러면 아이를 데려오기 위해선 어떤 작업이 필요할까? 같이 놀아주고 맛있는 것을 사주면서(페이싱), 신뢰관계(라포)를 형성하는 과정이 필요하다. 페이싱 기법으로 가장 많이 사용되는 것이 백트래킹(63쪽 참고)과 미러링이다.

행동을 따라하여 신뢰감을 주자, 미러링

미러링(mirroring)은 신뢰감이나 동질감을 느끼게 하는 대표적인 방법 중 하나로 거울을 보듯이 상대의 행동을 그대로 따라하는 것을 말한다. 상대가 팔장을 끼면 나도 팔장을 끼고, 상대가 다리를 꼬고 앉으면 나도 그렇게 하는 것이다. 이때 주의할 점은 상대에게 그대로 따라한다는 느낌을 주지 않도록 최대한 자연스러움을 유지해야 한다는 것이다.

협상에 능숙한 정치인들이나 비즈니스맨들은 의식하지 않고도 자연스럽게 미러링을 구사한다. 미러링은 일상 생활에서도 쉽게 경험할 수 있다. 우리는 하품이 전염된다는 것을 이미 잘 알고 있다. 2010년 이탈리아 팔레지 교수는 친구, 지인, 가족 간에 하품은 전염되지만 전혀 모르는 사람 간에는 전염되지 않는다는 것을 발견했다. 그러면 왜 하품을 따라하게 되는 것일까? 이 현상도 일종의 미러링이라 불리는 무의식적 동조화 현상이다. 같은 공간에

미러링을 실천하는 미국 오바마 전 대통령

서 서로 편안함을 느껴야만 하품도 따라하게 되는 것이다.

마음이 통하면 행동이 닮아가는 현상과 반대로 행동을 의도적으로 닮게 하여 마음을 통하게 하는 것이 미러링 기법이다.

이제부터 NLP 기술을 기본으로 고객의 저항심리를 없애고 재방문을 이끌어 내는 3가지 기술을 알아보자.

'급'이 다른 칭찬의 기술

진정성 있는 칭찬의 힘

가장 강력한 기술은 바로 칭찬이다. 그래서 디자이너는 고객과의 첫 만남에서 칭찬이라는 강력한 도구로 감성적인 이득을 주어 디자이너에 대한 긍정적 감정을 느끼게 해주어야 한다.

칭찬하는 방법에는 여러 가지가 있지만 기술이 필요하다. "고객님 참 멋있어요.", "어쩜 그리 예쁘세요.", "능력 있으세요."와 같은 추상적 멘트를 사용하면 고객 입장에선 접대성 멘트, 즉 입에 발린 소리로 들린다. 진정성 있는 칭찬이 되기 위해선 상대의 행위나 특징, 장점 등을 구체적으로 칭찬해야 한다. 그래야 상대방도 칭찬을 진심으로 받아들이게 된다.

비교 칭찬

꽃 한 송이를 놓고 예쁘다는 말은 누구나 쉽게 할 수 있다. 하지만 이 꽃에 비해 저 꽃이 더 예쁘다거나, 저 꽃이 이 꽃만큼 예쁘다고 말하면 어떨까? 비교대상만 넣어도 칭찬이 업그레이드된다.

인상이 험악한 고객이 방문했다고 가정해보자. 이때 무미건조하게 "잘생기셨어요!", "매력적이세요!"라는 말은 듣는 사람이 오히려 기분 나빠할 수 있다. 이런 경우에는 "고객님, 저 유해진 씨 너무 좋아하는데 유해진씨처럼 매력적이세요."라는 칭찬이 더 효과적일 수 있다.

I-Message 기법

I-Message는 '당신의 ____ 때문에 내가 ____ 하다.'라며 나를 앞세워 상대를 칭찬하는 방법이다. 아래 예시를 살펴보자.

"고객님이 이해가 빨라서서 제가 설명드리기가 참 수월해요."
"고객님이 너무 친절하셔서 제가 마치 VIP가 된 느낌이에요."

이처럼 I-Message를 활용한 칭찬의 기술은 칭찬받을 상대의 객관적 사실이나 행동, 그에 대한 나의 느낌이나 감정을 이용하여 쉽게 만들어낼 수 있다.

고객의 모든 면을 칭찬하라

고객과 만나자마자 칭찬하고, 시술 중에도 칭찬하고 점포를 나갈 때도 칭찬해야 한다. 함께 온 일행이 있다면 그 일행도 칭찬하고, 고객이 구매를 망설인다면 그 망설임 자체도 "참 신중하세요!"라며 칭찬해야 한다. 칭찬은 고래도 춤추게 한다.

고객을 신나게 하는 질문의 기술

고객을 신나게 만들어라!

비즈니스 상황에서 질문의 목적은 상대방이 원하는 것이 무엇인지 알아내는 것이다. 하지만 우리가 첫 만남에서 하는 질문의 목적은 고객과의 강한 신뢰관계를 구축하기 위해 고객 저항 심리를 무너뜨리는 것이다. 그렇다면 어떤 질문을 던져야 고객 저항 심리를 무너뜨릴 수 있을까?

🧑 고객님 오늘 날씨 춥죠?
🧑 네.
🧑 ….

위의 대화와 같은 상황에서는 더 이상 대화가 이어지지 않는다. 날씨나 교통정체와 같이 식상한 화제는 고객에게 아무런 감성적 이득을 주지 못하기 때문이다. 그렇다면 고객의 말을 이끌어 내면서 감성적인 이득을 주는 질문에는 어떤 것이 있을까?

고객이 잘 아는 분야에 대해 질문하라

고객에게 가장 긍정적인 효과를 주면서 감성적인 이득을 줄 수 있는 최상의 질문은 바로 고객이 대답하고 싶어 하는 질문이다. 그렇다면 고객이 가장 대답하고 싶어 하는 질문에는 어떤 것이 있을까? 그것은 바로 고객이 가장 잘 아는 분야에 대한 질문이다.

고객이 잘 아는 것, 자신 있어 하는 것 그리고 무엇보다 고객이 간절히 바라는 것에 대해 칭찬하고 질문해야 고객의 저항 심리를 무너뜨릴 수 있다. 고객이 대답을 잘한다는 건 그만큼 고객이 그 일에 관심이 많다는 뜻이다. 고객과의 자연스러운 대화가 늘어날수록 라포가 쌓인다.

그리고 고객이 답변했을 때는 그것을 당연시하지 말고, 반드시 "이렇게 자세히 잘 알고 계시다니 대단하세요."라는 칭찬을 곁들여야 한다. 질문 하나의 화법은 이렇게 다양하고 이를 통해 얻을 수 있는 효과는 이보다 더 다양하다.

🙍 고객님 실례지만 어떤 일 하세요? 스타일이 너무 좋으셔서요.
🙍 아, 패션 잡지사에서 일하고 있어요.
🙍 그래서 이렇게 옷 입는 센스가 좋으셨구나. 요새 저도 읽고 있는데 아직 더운데도 벌써 가을 메이크업이나 패션에 대한 글들이 많더라고요.
🙍 네, 맞아요. 패션 쪽이 워낙 빨리 바뀌다 보니까 계절보다 앞서 가야 해요. 이번에 제가 담당했던 기사가 있는데….
🙍 오, 역시 패션 쪽에 계셔서 이런 정보를 많이 알고 계시군요. 멋있으세요. 고객님~

잘 짜인 단 하나의 질문은 방금 만난 상대방과의 교류까지 가능하게 한다. 이 도구를 잘 사용하면 상대방은 당신에게 흥미를 갖고 자신과 관련된 일을 자발적으로 이야기할 것이며 그러는 동안 조금씩 라포가 구축되어간다.

사람은 누구나 자신을 자랑하고 싶어 한다

우여곡절이 없는 사람은 없다. 즉, 자신만의 스토리를 가지고 있다는 것이다. 남에게 알리기 싫은 스토리도 있고, 자랑하고 싶은 스토리도 있을 것이다. 우리가 관심을 두고 이끌어내야 하는 스토리는 바로 '고객이 자랑하고 싶은 경험이나 내용'이다. 이 소재를 이끌어 낸다면 이제 고객과 여러분은 더 이상 '남'이 아니다. 고객의 소중한 추억을 공유하는 '특별한 관계'가 되는 것이다.

다시 한번 강조하지만, 고객은 95% 감성과 5%의 이성으로 구매한다. 고객과의 라포를 쌓아 고객과 파트너 같은 존재가 된다면 둘 사이에는 가격을 놓고 흥정하는 일이 거의 발생하지 않는다.

지갑을 열게 하는
경청의 기술

누구나 자신의 말을 잘 들어주는 사람을 좋아한다. 디자이너에게 좋은 감정을 느끼게 하려면 고객의 말을 잘 들어주는 자세가 필요하다. 본격적인 가격 상담에 들어가기 전 고객의 말을 제대로 경청하여 그들이 디자이너에게 긍정적인 감정을 느끼도록 만드는 것이 무엇보다 중요하다. 이렇게 경청하는 방법을 공감적 경청이라고 하며, 이는 고개 끄덕이기와 백트래킹과 리프레이밍을 통해 실천할 수 있다.

고개 끄떡이기

고개 끄덕이기는 '당신의 말을 경청하고 있다'라는 의미를 가진 보디랭귀지로, 상대방에 대한 긍정이자 호응의 제스처이며, 상대방이 호의적인 감정을 가지도록 해주는 도구이다.

사실 미용실에서 만난 디자이너와 개인적인 이야기를 하는 고객은 많지 않다. 그러나 디자이너의 기쁜 얼굴, 경청, 호응에 익숙해질수록 고객은 자신의 개인적인 이야기를 털어놓기가 수월해진다.

고객이 자신의 사적인 이야기를 시작했다는 것은 디자이너를 신뢰하기 시작했다는 신호임과 동시에 이후 가격 협상이나 신규 고객 소개 요청 등이 성공할 가능성이 커지는 징후이기도 하다. 고개 끄덕이기는 우리가 행하는 수고에 비해 얻는 결실이 매우 큰 자세이므로 반드시 실행해야 한다.

백트래킹

경청의 종류에는 고개를 끄덕이거나 '아!' '저런', '어머나!'와 같은 감탄사로 상대방의 말에 응수만 하는 방법과 상대의 이야기에 대해 나의 의견이나 감정이 반영되지 않은 표현으로 오로지 상대의 말을 백트래킹(Backtracking)해주는 방법이 있다. 백트래킹은 고객 내면의 감정을 파악해 고객의 말을 그대로 반복하거나 요약하는 방법으로, 관련 내용에 대한 질문이나 격려, 지지를 추가하면 된다. 실제 대화 과정에서 백트래킹 기술이 어떻게 이루어지는지 아래 예문을 통해 살펴보자.

> 취업을 했는데 정말 힘들어요. 업무 인수인계도 없고 제가 무엇을 물어봐도 건성으로 대답하고, 모두들 자기 일하기만 바빠요. 일을 하라는 건지 말라는 건지…. 그리고선 꼭 나중에는 일 못한다고 그러네요. 이렇게 가다가는 또 그만둬야 할 수도 있을 것 같아요. 취업했다고 엄마는 엄청 좋아하고 이번엔 꼭 첫 월급으로 외식하기로 했는데….

> 업무 인수인계도 없이 일을 시킨다고요? 어떻게 일을 해요?(반복/요약)
> 가르쳐주지도 않으면서 혼내면 저라도 정말 힘들 것 같아요(감정이해).
> 회사가 이상한거지 고객님 잘못된 것이 아니에요(지지).

백트래킹의 목적은 고객과 디자이너 간에 동질감을 느끼게 하는 것이다. 동질감을 느끼면 거부감은 줄어들고 고객이 했으면 하는 행동을 이끌어 내는 일도 보다 쉽게 진행할 수 있다.

사람의 이야기를 잘 듣는 것에도 큰 에너지가 필요하다. 그리고 듣는 게 익숙하지 않아 어려움을 겪을 수도 있다. 고객의 말을 듣는 것을 익숙하게 여기기 위해서는 공감적 경청을 실천해야 한다.

리프레이밍

누군가에게 '철수는 냉정한 사람이야'라는 이야기를 들었다면 이후 철수의 행동을 보는 관점은 냉정한 부분에만 맞춰지게 된다. 반대로 '철수는 일을 잘하는 사람이야'라는 이야기를 먼저 들었다면 철수의 행동은 일을 잘하는 것으로 여겨질 것이다. 이렇게 우리는 매사를 주관적인 필터를 통해 바라본다. **매사를 바라보는 관점을 프레임이라고 하는데, 이 프레임을 바꾸면 같은 일이라도 전혀 다르게 볼 수 있다. 이것이 바로 리프레이밍이다.**

리프레이밍은 옷가게의 직원들을 떠올리면 쉽게 알 수 있다. 뚱뚱한 손님이 옷을 사러 왔다면 직원은 옷을 골라주며 "체격이 좋아서 어떤 옷도 잘 어울리세요"라는 말을 건넨다. 고객 자신이 뚱뚱한 것에 대한 컴플렉스가 있는지는 알 수 없지만, 직원이 건네는 말을 나쁘게 받아들이지는 않을 것이다.

모든 것을 긍정적으로 포장하려는 행동은 아부 혹은 아첨으로 여겨질 수도 있다. 하지만 리프레이밍은 기존의 단점을 새롭게 보는 시각을 제공해 좀더 긍정적인 효과를 발휘한다.

> 성미가 급한 고객에게
> - 긍정적 발상: 성격이 급한 게 나쁜 건 아니잖아요. 고객님은 괜찮은 사람 같아요.
> - 리프레이밍: 판단력이 빨라 일도 잘하실 것 같아요.
>
> 우유부단한 고객에게
> - 긍정적 발상: 안 되는 일이란 없어요.
> - 리프레이밍: 신중한 판단을 위해 늘 심사숙고하시는군요.

이렇게 리프레이밍을 능숙하게 사용하여 상대에게 새로운 사고방식을 만들어주면 훨씬 원만한 인간관계를 형성할 수 있다. '이 사람과 이야기하면 기분이 좋아진다'라고 느껴지는 사람을 떠올려보면 대부분 긍정적이고 밝은 사람일 것이다.

재방문을 이끄는 고객소환 솔루션

고객을 다시 올 수밖에 없게 만들어라

앞서 말했던 공식을 다시 되짚어보자. '신규 고객이 3개월 이내에 재방문하면 2년 안에 매장을 10번 방문할 확률이 7배나 높다.'라는 이론에 입각하여 고정 고객, 즉 단골 고객을 창출하기 위해 기존 고객의 재방문을 이끌어 내야 한다. 이 미션을 실행하기 위해서는 '소환솔루션'이라는 고객 마케팅 기술이 필요하다.

소환솔루션은 첫 방문고객에게 3단계 이상의 프리미엄 클리닉 서비스를 방문 7~10일 후에 디자이너의 일정에 맞추어 제공하는 것이다.

이때 고객에게 제공하는 서비스 비용은 무료이다. 미용실 입장에서는 약간의 금전적인 손해가 발생하지만, 이로 인해 얻을 수 있는 효과는 고객을 최대한 미안하게 만드는 것, 클리닉을 통해 신규 고객의 불만족 사항을 해결하고 이탈을 방지하는 것, 고객이 고가라인을 체험하게 만드는 것이다.

약간의 비용 손실은 발생하지만 고객으로 하여금 부채의식을 갖게 만들고, 기존 고객의 재방문을 이끌어 내면서, 고급 서비스를 체험하게 만들어 이후 객단가를 높이는데도 크게 일조한다. 한 번 고객이 프리미엄 서비스를 받으면 이후 일반 서비스는 시시하게 느낄 것이다.

하지만 무료 서비스도 어떻게 전달하느냐에 따라 고객이 받아들이는 방식이 달라진다. 아무리 무료라 해도 디자이너에게 다른 의도가 있는 것처럼 느껴진다면 고객은 의심하고 찾아오지 않을 것이다. 최대한 자연스럽게 요청하는 것이 중요하다. 앞서 고객의 저항 심리를 무너뜨리는 대화를 통해 고객과 라포를 쌓은 뒤 무료 클리닉을 제안하는 것이 좋다. 아래의 대화를 예시로 살펴보자.

> 고객님. 지금 고객님 모발 손상을 최대한 방지하기 하기 위해 앰플을 추가했는데 지속력이 약하네요. (광고 포스터를 가리키며)

저희 샵의 프리미엄 클리닉은 지속력이 좋기로 유명해요.

그런데 비싸잖아요.

오늘 제가 고객님 이야기를 들어보니 정말 특별한 일을 하시는 분이셔서 그냥 무료로 해드릴게요.

정말요?

네. 이 날 11시에 시술 예약을 잡아도 될까요?

네. 꼭 올게요!

고객과 라포를 다지는 1단계 미션 완료!

첫째마당에 걸쳐 우리는 고객과의 첫 만남에서 고객을 칭찬하고,

청결함을 최우선으로 하라

미용실의 성공 원칙을 적용하지만 청결함을 지키지 못한다면 모든 것이 헛수고다. 고객들은 더러운 화장실과 샴푸실 등 매장의 지저분한 부분을 제일 먼저 발견하고 오래 기억한다. 지저분한 분위기는 서비스를 잘하지 못하는 것과 같다. 고객들은 당신의 미용실이 얼마나 청결한지를 보고나서야 이후 직원들의 서비스를 판단하고 미용실의 레벨을 판단한다.

고객을 신나게 하는 질문을 이끌어 내고, 고객의 이야기를 공감적으로 경청하였다. 이렇게 고객과의 라포를 다진 상태라면 신규 고객 영입을 위한 2단계 진입이 가능하다. 두 번째 방문한 고객을 통해 신규 고객을 소개받는 방법은 둘째마당에서 알아보자.

체험마케팅, 이래서 중요하다!

무료로 상권분석해드립니다.

필자가 미용업계에 입문하게 된 계기는 미용실을 전문으로 매매하는 부동산 일을 하면서부터이다. 당시 업계에 대한 이해가 부족했고, 필자의 가치를 알아주는 사람도, 어떠한 인맥도 없었다. 미용실을 매매하기 위해선 미용실을 팔거나 사야할 원장을 만나야 했는데, 전혀 만날 수 없었다. 원장은 시술이 바빠 만날 수 없었고, 혹 만난다하더라도 잡상인 취급을 받고 쫓겨날 수밖에 없었다.

    그래서 당시 생각해 낸 것이 바로 무료 상권분석이었다. 사실 필자의 입장에선 '왜 어렵게 공부하고, 장기간의 현장경험으로 배운 이 소중한 기술을 모르는 사람들에게 무료로 알려줘야 하나'하는 속상한 생각도 들었다. 하지만 효과는 바로 나타났다. '무료라는데 속는 셈치고 한번 해볼까?'라고 생각하는 사람들의 연락이 하나 둘 오기 시작했다.

당시 필자는 원장들이 알아본 매물들을 진심을 다해 분석했고, 혹 가지고 있는 매물보다 효율이 떨어지면 이를 비교 분석해서 보여주었다. 그 결과 필자가 분석한 상가로 계약이 진행되기 시작했다.

재미있는 사실은 당장 이전 계획이 없던 원장들도 이전하겠다며 매장을 매물로 내놓았고, 또 창업을 하는 원장들에게 프랜차이즈 브랜드를 함께 제안하자 따라서 오픈한 경우도 있었다. 계약한 대부분 매장의 매출이 기대했던 것보다 높아 입소문을 타기 시작했다.

일단 경험하게 하라!

고객은 처음 보는 사람과 처음 경험하는 서비스에 대한 경계심이 강하다. 하지만 만나서 경험해보면 경계심이 낮아지고, 자신이 생각했던 것보다 제품이나 서비스가 더 좋으면 추가 주문을 하기도 한다. 이처럼 가치를 한눈에 알아보기 힘든 상품에 대해서는 체험해볼 기회를 주는 것이 무척 중요하다.

한편 상품에 대한 가치가 어느 정도 알려진 경우에는 한 단계 높은 상품에 대한 체험 기회를 제공하는 것이 효과적이다. 필자는 출장을 갈 때 항상 저렴한 호텔룸을 예약했는데 이때 호텔이 제공하는 서비스의 품질은 항상 낮았다. 어느 날 호텔측의 실수가 있었고 이에 대한 보상으로 스위트룸에 머물 기회가 있었다. 당시 필자는 스위트룸의 넓고 쾌적한 인테리어에 마음을 빼앗기고 말았다. 그리고 내가 저렴한 호텔룸만 찾았던 이유는 그동안 서비스 가치가 낮은 싼 호텔룸만 경험했기 때문이라는 사실을 알게 되었다.

이처럼 실제 체험을 통해 몸이 기억하게 만드는 방법은 매우 효과적이다. 왜냐하면 좋은 것에 한 번 익숙해지면 더 이상 예전 수준으로는 되돌아가기가 쉽지 않기 때문이다.

고객은 지불능력이 있음에도 불구하고 제품이나 서비스의 가치를 알지 못하는 경우가 대부분이다. 그래서 고객은 싼 것만을 계속 찾게 되는데 이 루틴을 벗어나게 하려면 프리미엄 서비스를 경험하게 해야 한다. 즉, 동일한 가격에 서비스를 업그레이드해주어 일단 체험하게 하는 것이 중요하다.

아깝다고? 필자 역시 처음에는 속상한 마음도 들고 손해를 보는 행동이라 생각했으나 결과는 그 반대였다. 돈을 벌기 위해선 먼저 투자를 해야 한다. 고객에게도 마찬가지다. 고객의 돈을 뽑아낼 생각만 하지 말고 고객에게 먼저 투자해야 한다. 또 당장은 매출로 이어지지 않더라도 10명을 무료로 서비스 업그레이드해 주면 작게는 2명, 많게는 4명이 다음 번에도 고가의 서비스를 이용하게 되어 있다. 프리미엄 서비스를 경험한 고객들을 많이 만드는 것이 무엇보다 중요하다.

블로그 체험단도 해답이다!

아무런 정보가 없는 상태에서 식당을 선택해야 할 때, 많은 사람들이 네이버 검색을 통해 정보를 얻는다. 검색된 정보의 대부분이 블로그 체험단을 통한 광고임을 알고 있음에도 광고를 보고 결정한다. '어떤 메뉴가 있고, 가격은 어느 수준이고, 상차림은 이렇구나!' 하는 기본적인 정보를 바탕으로 어느 식당에 갈지 결정하고 그곳에서 소비한다.

미용실도 마찬가지이다. 블로그 체험단이나 블로그를 활용한 홍보는 미용실이라면 꼭 해야 하는 필수 사항이다. 그게 광고인지 홍보인지는 크게 중요하지 않다. 다만, 블로그를 통한 홍보의 핵심은 '네이버에서 검색 시 얼마나 상위에 노출되느냐'이다. 그러기 위해서는 적절한 태그도 중요하지만 얼마나 많이 포스팅되느냐도 중요하다.

보통 블로그 체험단을 진행하기 위해서는 대행업체 모집비용만 1인당 2~4만원의 비용으로 책정되며, 월별 3명에서 10명씩 3~6개월 단위로 계약하는데, 계약 인원수가 많으면 단가가 낮아지고 인원수가 적으면 단가가 높아진다. 또 블로그 체험단에게 무료 시술을 해줘야 하는데, 이 시술에도 비용이 발생한다.

하지만 키워드 경쟁이 높거나, 블로그의 품질이 낮아 노출이 잘 되지 않으면 무용지물이 되는 단점도 있다. 참고로 알아두자.

첫 방문 이후 고객 이탈을 낮추는 노하우

돈이 되지 않는 서비스? 생각을 바꾸자!

미용실에서 가장 많은 고객수를 차지하는 시술은 바로 베이직 커트다. 커트 고객수가 많은 것은 디자이너의 입장에서 돈이 되지 않는다. 그래서 서로 펌, 염색 고객 위주로만 순번을 배정받으려 해 구성원 간에 갈등이 생기기도 한다.

재미있는 사실은 펌이나 염색 고객은 베이직 커트를 기반으로 늘어난다는 것이다. 실제로 첫 방문 고객의 대부분(약 70%)은 커트 고객이 주를 이루며, 이 고객들의 재방문 시 펌, 염색 시술 비율이 높아진다.

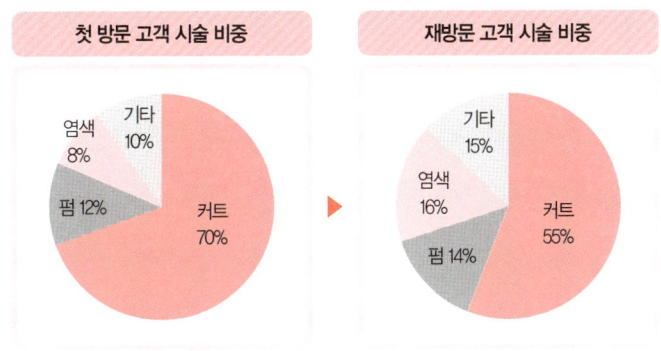

첫 방문 고객의 이탈을 잡는 방법은 커트 고객을 잡는 것!

고객 이탈은 첫 방문 고객 이탈률이 월등히 높으며, 3회 이상만

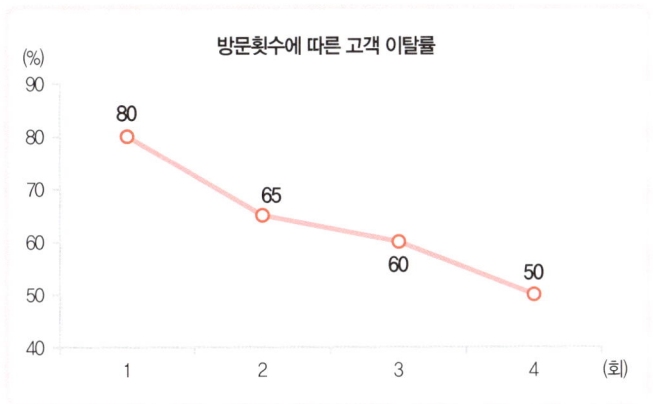

방문하면 이탈률은 절반가량으로 낮아진다.

즉, 위의 통계를 종합적으로 판단해보면 첫 방문 고객의 70% 정도가 커트를 하고, 이중 80%가량이 이탈하게 된다는 것을 알 수 있다.

사실상 근무자가 많은 대형매장일수록 신규 고객의 커트는 경력자가 아닌 초급자에게 할당되는 경우가 많다. 이로 인해 신규 고객의 만족도가 낮아지고, 이것이 고객 이탈로 이어진다.

첫 방문 고객의 재방문율을 증가시키고 펌, 염색으로 전환하기 위해선 첫 방문 시술을 경력자에게 배당해야 한다. 또한 커트를 하러 왔다가도 경력자의 상담에 따라 언제든 펌이나 염색으로 전환될 수 있다.

스타일북을 통해 상담하라!

커트 고객을 펌이나 염색으로 전환시키기 위한 가장 쉬운 방법은 고객 상담을 눈으로 볼 수 있는 스타일북이나 사진자료와 함께 진행하는 것이다.

고객이 사진으로 스타일을 고르면 디자이너는 사진 속 모델의 헤어 볼륨감, 컬, 컬러 등을 언급하며 고객을 펌, 염색 시술로 유도하기가 쉽다. 사진자료를 근거로 시술하기 때문에 시술 결과물에 대한 고객과 디자이너간의 의견 차이가 줄어 고객 클레임도 줄일 수 있다.

휴이엠 컴퍼니의 스타일북

Salon Marketing

13 신규 고객 창출, 소개가 답이다
14 소개시켜줄 고객은 따로 있다
15 고객에게 소개 명령어를 주입하라
16 고객을 영업부장으로 만드는 방법

둘째마당

매출을 늘리는
3단계 비법 Ⅱ
고객이 고객을 데려오게 하는 비법

신규 고객 창출,
소개가 답이다!

신규 고객 창출 어디서부터 시작해야 할까?

많은 미용실이 광고, 할인 전단지, 소셜 업체 및 블로그 체험단 등을 통해 신규 고객을 유치하기 위해 노력하고 있다. 특히 10여 년 전에는 꽤 인기가 있었던 매체 광고가 쇠퇴하면서 신문 삽지나 전단지 등을 통한 신규 고객 창출은 현재 거의 없어진 상태이다.

그러면 신규 고객을 창출하기 위한 마케팅은 어디서부터 시작하는 것이 가장 효율적일까? 가장 효율적인 방법은 현재 고객에게 새로운 고객을 소개받는 것이다.

일반적인 마케팅과 소개마케팅의 가장 큰 차이는 신규 고객 발굴에 드는 비용이다. 고객에게 소개를 요청하는 시간은 길어야

3분 정도로, 시술과정에서 추가로 행해지는 활동이 전부이다. 또한 소개로 만난 고객은 해당 디자이너에게 시술받는 것을 전제로 방문하는 것이기 때문에 고정 고객이 될 확률이 높다.

소개마케팅의 매력

비용도 적고 노력도 적다. 기존 고객에게 신규 고객 소개를 요청하기만 하면 되는 이 마케팅을 왜 아무도 하지 않고 있을까? 모든 것은 생각대로 되지 않는다.

- 고객님, 친구분들을 저에게 소개해주시겠어요?
- 네?(당황하며) 아, 찾아볼게요!(작은 목소리로)
- 네 ^^

  (시간이 한참 지났지만 아무도 소개를 시켜주지 않았다고 한다.)

위 사례에서 보듯이 아무리 소개마케팅이 효율적이라 하더라도 무조건 기존 고객에게 요청하는 것만으로는 승산이 없다. 고객에게 소개를 요청할 때도 체계화된 프로세스에 따라 진행해야 한다.

소개마케팅 4단계 프로세스

고객에게 소개를 요청하기까지의 과정은 크게 4단계로 나눌 수 있다. 먼저 고객과 충분한 신뢰관계, 즉 라포를 쌓아야 한다. 그리고 소개를 부탁할 고객과 부탁하지 않을 고객을 구분한 후에 소개 요청을 진행해야 한다. 이후 반복요청과 소개해준 고객의 후기까지 전달해야 소개마케팅이 성공적으로 끝난다. 여기서 고객과 라포를 쌓는 1단계는 첫째마당에서 소개한 '고객과 친해지는 비법'으로 대체할 수 있다.

이제 고객 심리 분석을 통해, 각 과정에서 마케팅 기법이 구체적으로 어떻게 나타나는지 함께 알아보자.

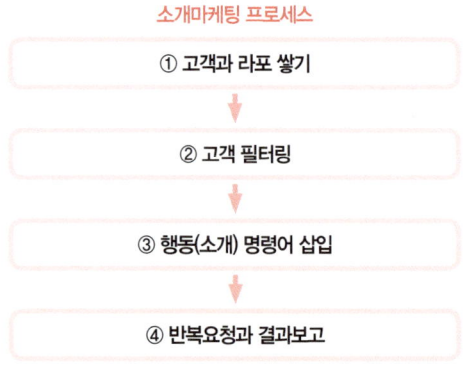

소개시켜줄 고객은
따로 있다

소개 요청은 두 번째 만남부터!

고객과 아무런 라포가 없는 상태에서 소개를 요청하는 것은 고객에게 부담감만 주고 어색함만 남는다. 그래서 첫째마당에서 말했던 고객과의 대화법 ① 칭찬하기, ② 고객을 신나게 하는 질문하기, ③ 공감적 경청하기의 3단계 과정을 통해 고객과의 라포를 쌓아 고객의 저항 심리를 무너뜨려야 한다.

    그리고 고객에게 클리닉을 무료로 제공하는 소환솔루션을 실행하면 고객은 두 번째 만남에서 디자이너에게 빚을 진 느낌을 받는다. 만약 소환솔루션 실행 시 약간의 서비스 비용이라도 받는다면, 고객은 대가를 지불하고 서비스를 받는 것이기 때문에 미안함을 느끼지 않을 것이다. 예를 들어 우리가 좋은 물건을 저렴하게 구매했을 때 상대방에게 미안함 감정을 느끼기 어려운 것과 마찬가지다.

그래서 고객과의 라포를 쌓고 고객이 빚을 진 느낌을 받는 두 번째 방문 시 고객에게 소개를 요청해야 한다.

재방문 시에는 반드시 이름으로 접객하자

'손님의 이름을 외우고 이름으로 손님을 접객한다'는 것은 시대를 막론하고 손님의 마음을 가장 잘 휘어잡는 방법이며, 이는 매출과도 직결된다. 손님이 미용실에 방문했을 때 "손님 커피 드릴까요? 아니면 따뜻한 차를 드릴까요?"라고 말하는 것과 "영희 씨 커피 드릴까요? 아니면 차를 드릴까요?"라고 이름을 불러주는 것은 완전히 다르다.

특히 재방문한 손님에게 처음 온 손님처럼 "어떤 시술하러 오셨나요?"라고 하면 벌써 이질감이 느껴진다. "영희 씨 한 달만에 왔네. 1주일 정도 지나니까 머릿결이 거칠어지지 않았어요?"라고 묻는 것과 고객이 느끼는 감성의 차이는 크다. 고객의 입장에서 다른 사람이 자신을 기억해주고 있다는 건 언제, 어디서나 특별한 일이다.

소개해줄 만한 고객에게 집중하자

서비스에 만족한 고객이라고 해서 반드시 다른 사람을 소개해 주는 것은 아니다. 약 20%의 고객들은 서비스나 상품에 만족해도 소개를 해주지 않는다. 이런 사람들은 대개 지인에게 미용실을 소개해주었을 때, 자신이 불편해지는 상황에 놓일 수 있다는 걱정을 하거나 이미 소개에 실패한 경험이 있다. 그리고 원래 무엇을 소개해주거나 추천하는 데 익숙하지 않은 사람일 수도 있다.

따라서 소개를 해줄 만한 사람에게 집중해야 한다. 그러면 집중해야 하는 사람들을 어떻게 필터링해야 할까?

소개를 해줄 만한 고객을 필터링하는 방법

이때 사용할 수 있는 방법은 고객의 자연스러운 대화를 유도하는 것이다. 고객에게 자연스럽게 무언가의 추천을 부탁해보자. 만약 자신의 의견을 말하거나, 소개하는 것을 좋아하는 사람은 이러한 질문을 받았을 때 티가 난다.

예시 1

🔴 제가 부모님께 식사를 대접해야 하는데, 혹시 이 동네에서 괜찮은 곳을 알고 계신가요?

⚫ 저라면 ○○식당에 갈 것 같아요. 음식이 다양하고 무엇보다 어른들 입맛에 딱 맞더라고요.

🔴 아, 그렇군요 감사해요!

예시 2

🔴 남자친구랑 주로 어디서 데이트하세요? 근처에 먹을 만한 곳이 딱히 없는 것 같아요.

⚫ 길 건너에 새로운 음식점이 생겼는데, 제 입맛에는 딱 맞더라고요. 분위기도 좋고요. 꼭 가보세요!

🔴 네!

위 예시처럼 대답하는 고객은 자신이 좋다고 생각한 것을 추천하는 특징이 있는 유형이다. 이런 사람들에게 소개를 요청하면 비슷한 반응을 보일 확률이 크다.

예시 3

 혹시 맛있는 고깃집을 알고 계신가요?

 특별히 없는 것 같은데요.

 네….

반대로 위 예시처럼 말하는 사람은 소개를 좋아하지 않는 특성을 가진 사람이기 때문에 소개마케팅이 성공할 확률이 낮다.

이러한 대화 유도는 고객의 추천특성을 판별할 수 있는 방법이고 이를 활용해 영업에 집중해야 할 사람들을 필터링할 수 있다. 고객 필터링에 성공했다면 소개를 구체적으로 요청하는 단계로 넘어갈 수 있다.

고객에게
소개 명령어를 주입하라

소개 명령어를 주입하는 단계

한 가지 분명한 사실은 아무리 고객 만족도가 높아도 디자이너가 소개를 요청하지 않으면 소개받을 수 없다는 것이다. 또 고객과 기본적인 라포가 쌓여 있더라도 소개를 요청하는 방법에 따라 성과가 달라진다.

그렇다면 어떻게 고객에게 소개를 요청해야 할까? 단순히 고객에게 손님을 소개해달라고 요청하는 것만으로는 고객이 움직이지 않는다. 다음 번에 고객에게 "어떻게 됐어요?"라고 물어보았을 때 "찾아봤지만 딱히 소개해줄 사람이 없네요."라는 대답으로 끝나고 말 것이다.

소개에도 요령이 있다! 아래와 같은 방법으로 고객의 소개를 유도하면 성공적인 결과를 기대해볼 수 있다.

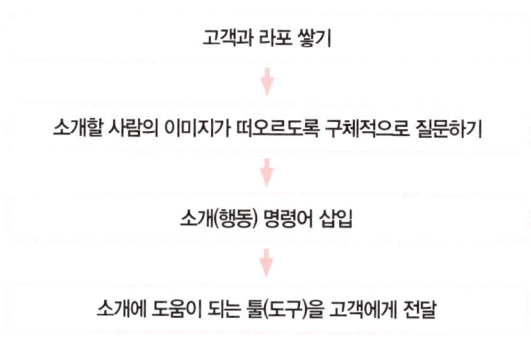

소개를 끌어내는 질문법

탈색이나 염색으로 손상된 모발을 가진 고객이라면 "고객님 주변에 고객님처럼 모발이 상하신 분들이 있나요?"하고 구체적으로 질문하면 그 고객은 주변 사람 중 질문에 해당하는 사람을 자연스럽게 떠올릴 것이고, 자신도 모르게 "아, 있어요!"라고 대답한다.

소개(행동) 명령어 삽입

디자이너는 이렇게 소개할 사람의 구체적인 이미지가 떠오른 고객에게 "그 분, 제게 소개해주세요!"하고 구체적으로 명령해야 한다.

이렇게 구체적(특징)으로 명령하면 소개하는 고객이 그 사람을 보았을 때 미용실을 추천할 확률이 높아진다.

여기서 주의해야 할 점은 디자이너가 막연하게 "지인분을 소개해 주시겠어요?"라고 요청하면 고객의 입장에서 지인을 소개하기 이전에, 소개할지 말지를 판단하게 된다.

따라서 디자이너는 "고객님, 제게 5명의 고객을 소개시켜주세요."라고 과감하게 명령해야 한다. 이 명령을 받은 고객은 소개를 해줘야 할지 말지라는 생각보다 소개할 사람이 몇 명이나 되는지를 생각하게 된다.

또 고객과 라포가 쌓여 있는 상태에서의 소개 명령이기 때문에 고객도 웃으면서 "한 두명 정도는 가능할 것 같네요."라고 대답하게 된다. 고객의 입장에서도 남편이나 자녀는 쉽게 소개할 수 있기 때문이다.

이 소개 명령의 목적은 5명의 신규 고객을 소개받는 것이 아니다. 한 명 혹은 두 명을 소개받기 위해 5명을 소개해달라고 명령하는 것이다.

소개 효율을 높이는 영업 툴

소개 요청을 받은 고객의 입장에서 지인에게 미용실을 추천한다는 것은 고객의 입장에서 비용(시간, 설명에 필요한 에너지 등)이 드는 일이다. 소개하는 고객이 비용을 최소화할 수 있도록 영업 툴(도구)을 함께 전달하는 것이 좋다. 영업 툴은 거창한 것이 아니다. 간단한 명함 형태의 할인쿠폰일 수도 있고, 전단지가 될 수도 있다. 미용실 위치가 어디인지, 누구를 찾아야 하는지, 할인이 되는지 등을 일일이 설명할 필요가 없는 것이다.

소개하는 고객의 입장에서도 '엄지척' 한 번하고 명함을 한 장 건네면 되기 때문에 소개 효율도 높아진다.

앵커링으로 자신감 충전!

서비스업 종사자나 영업사원은 고객의 거절이나 클레임에 늘 노출되어 있다. 때로는 고객들의 거절이나 클레임으로 슬럼프에 빠지는 경우도 있는데, 이런 경우 NLP 기법을 활용하면 슬럼프를 효과적으로 극복할 수 있다.

필자의 경우, 대학원에 합격했을 때 너무 기뻐 가슴이 두근거리는 느낌을 받은 적이 있다. 이러한 상태를 NLP(51쪽 참고)에서는 '리소스풀(resourceful)한 상태'라고 말한다.

심리학에서는 '리소스풀한 상태가 되었을 때 현재 처해 있는 상황에서 벗어나 전향적인 행동을 할 수 있다'라고 말한다. 영업도 전향적인 행동 중 하나라고 할 수 있다. 리소스풀한 상태를 스스로 원할 때 언제든지 만들 수 있는 심리학 이론을 '앵커링'이라고 한다. 앵커링(Anchoring)이란, 리소스풀한 상태의 감정을 신체의 특정 부위에 머물게 하여 나를 힘들게 하는 상황이 발생했을 때 특정 부위를 스위치 켜듯 켤 수 있다는 이론이다. 언제든지 리소스풀한 상태가 되도록 만드는 것이다.

오른쪽의 사례를 보며 앵커링을 쉽게 이해해보자.

🧑‍🦰 당신이 아주 좋은 결과를 얻어 흥분을 하거나 가슴이 벅차 올랐던 것이 언제인가요?

🧑 대학원에 합격했을 때입니다.

🧑‍🦰 그때로 돌아가 당신이 체험하고 있는 것을 보고 듣고 느껴보세요. 그리고 그것을 말해 주세요. (① 시각) 어떤 그림이 보입니까? 움직이는 그림입니까? 아니면 컬러로 된 그림입니까?

🧑 어딘가 고속버스를 타고 가고 있어요. 그때 MP3 플레이어를 듣고 있었는데, 대학원에 합격했다는 문자가 왔어요.

🧑‍🦰 (② 청각) 어떤 소리가 들립니까? 누구의 목소리가 들립니까?

🧑 'Creep'이란 음악을 듣고 있었어요. 좋아하는 음악을 듣고 있는 중에 고대하던 합격 문자가 와서 기분이 더 좋아진 것 같아요.

🧑‍🦰 (③ 체감각) 몸의 감각은 어떻죠? 그 순간 몸은 어떤 체험을 했을까요?

🧑 가슴이 벅차올랐어요. 뭐든 다 할 수 있을 것 같은 붕 뜬 느낌, 세상을 얻은 느낌, 합격해서 마음이 무척이나 놓였어요.

🧑‍🦰 심호흡을 하면서 확실하게 그 그림을 보고, 당시 들었던 음악 소리를 떠올리면서 몸 속 상태를 체험해주십시오.

내담자는 이 과정에서 시각, 청각, 체감각의 흐름으로 확실한 감각을 느껴야 한다. 이때 상담자가 내담자의 팔목을 잡거나 무릎에 손을 대고 약한 압력을 가한다. 그렇게 하면 내담자는 다시 리소스풀했던 체험을 떠올리려고 할 때 일부러 기억하려 애쓰지 않아도 상담자가 가한 압력을 이용하여 쉽게 리소스풀했던 상황을 기억해 낼 수 있다.

예를 들면, "가슴이 벅차왔어요. 뭐든지 다 할 수 있을 것 같은 붕 뜬 느낌"이라고 말하는 순간 스스로 무릎을 지긋이 눌러 압력을 느끼게 만들었다면 또 다시 리소스풀했던 기억을 떠올리려 할 때, 추상적인 관념의 기억이 아니라 무릎에 느껴지던 그 체감각을 먼저 떠올리면 된다. 무릎을 지긋이 눌러주는 것이다.

중요한 것은 언제라도 이와 같은 감각을 재생할 수 있도록 꾸준히 연습해야 하고, 앵커링이 숙달되면 혼자서도 쉽고 빠르게 리소스풀한 상태를 경험할 수 있다.

앵커링이 숙달되면 무엇인가 거북한 일을 하려고 하거나 망설여질 때마다 언제든지 이 스위치를 켜서 자신감을 회복할 수 있다. 사람들 앞에서 이야기를 한다거나 힘겨운 일에 직면해 있을 때 이 스위치를 켜면 금방 리소스풀한 상태가 될 수 있다.

참고문헌 : 호리이 케이, 『NLP행복코드로 세팅하라』, (한언, 2011년), 115~116쪽

고객을 영업부장으로 만드는 방법

고객의 소개 등급을 올리자

소개 영업의 관점에서는 고객 등급을 4단계로 나눌 수 있다. A등급은 2명 이상 소개해준 고객, B등급은 1명을 소개해준 고객, C등급은 디자이너에게 만족도가 높으면서 추천 특성이 있는 고객과 소개건수가 0인 고객, 가장 하위의 D등급은 디자이너에 대한 만족도가 높지 않거나 추천 특성이 없는 고객이다. 소개영업의 핵심은 B, C등급의 고객을 A등급으로 올리는 것이다.

```
        A
    다수 고객 소개
        B
    1명 고객 소개
        C
추천 특성이 있지만 소개 성과 없음
        D
    추천 특성이 없는 고객
```

　소개영업에 주력하고 있는 ○○부동산 분양회사의 데이터를 보면 '1년간 600건의 계약고객 중에서 소개를 받고 온 총 고객이 520건으로 전체 계약건의 87%에 해당한다. 520건의 계약 중에서 다른 고객을 2명 이상 소개한 고객이 100명(A등급)이었다. 재미있는 사실은 이 100명(A등급)으로부터 370건(61%)의 계약이 이루어졌다는 것이다. 나머지 150건(25%)은 500명의 고객(B등급)으로부터 소개받은 계약이었다.

　이를 통해, 다수의 고객을 소개해준 소수의 A등급 고객에게 영업을 집중하는 것이 효율이 높다는 것을 알 수 있다. A등급 고객은 저절로 생기는 것이 아니다. 디자이너는 이들이 계속 소개를 하도록 반복해서 요청하는 활동을 해야 한다.

참고문헌 : 세키이와오, 『미친듯이 팔리는 소개리퍼럴마케팅』, (리텍 콘텐츠, 2016), 65~67쪽

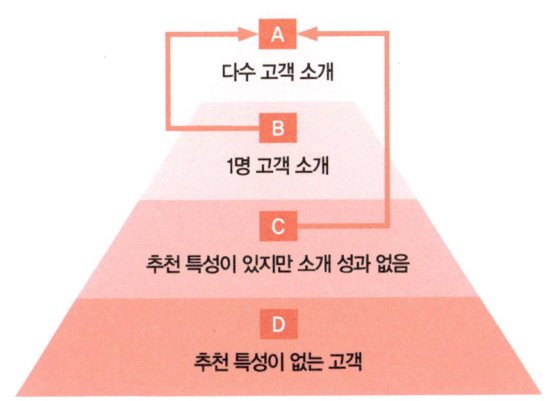

소개 요청만 했다고 끝이 아니다, 결과보고는 필수!

C, B등급의 고객을 A등급으로 만들어 가기 위한 핵심은 바로 첫 번째 소개가 진행된 이후 디자이너의 대응이다.

소개한 고객은 자신이 소개한 지인이 서비스에 만족했는지, 혹은 진상을 부렸는지 등을 궁금해한다. 바로 이 궁금증을 해소

하기 위해 결과보고가 필요하다. 보고라고 해서 고객을 불러놓고 프레젠테이션을 하라는 것은 아니다.

"오늘 고객님께서 소개해주신 분이 방문하셔서서 ○○서비스를 받았는데 만족하시고 돌아가셨어요. 그리고 고객님 칭찬을 어찌나 많이 하셨는지 몰라요." 또는 "좋은 분이셨는데 제 서비스가 조금 부족해서 살짝 불안했어요. 그래서 1주일 후에 다시 방문하시기로 했어요. 소개해주셔서 감사합니다."

소개한 고객이 마치 미용실의 영업부장인 것처럼 보고하면 그것만으로도 고객이 디자이너를 보는 인상이 달라지고, 추가 소개도 고민하게 된다.

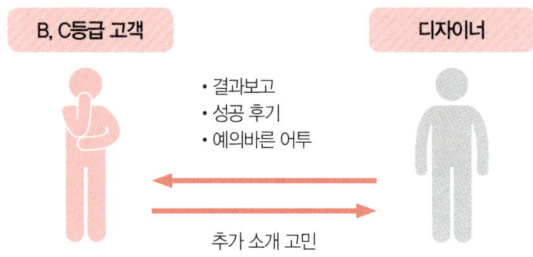

신규 고객을 고정 고객으로 만들었다면 그 이후는?

앞에서 배운 내용을 다시 정리해보자. 고객과의 첫 번째 만남에서는 고객과의 라포를 쌓아 고객의 저항심리를 악화시키고, 두 번째 만남에서는 두 가지 방법을 통해 고객에게 다가갔다. 프리미엄 클리닉 서비스를 무료로 제공하는 소환솔루션을 통해 고객의 재방문을 유도하고, AS를 통해 고객의 불만을 해소했다. 그리고 고객에게 소개명령을 입력하여 신규 고객을 소개받았다.

그런 다음, 신규 고객을 두 번, 세 번 방문하게 하여 고정 고객으로 만들었다. 이제 이 고객들에게 제공하는 상품의 단가를 높여 매출을 상승시키는 방법을 배워보자.

Salon Marketing

17 고객도 잡고, 직원도 잡는 객단가의 중요성
18 선불권 판매 3단계 공식
19 전문가처럼 보여라!
20 고객은 비싸도 구매한다
21 'Yes'를 이끌어내는 클로징 기법
22 프리미엄 서비스 효과적으로 판매하는 법
23 객단가를 올리는 메뉴 구성

셋째 마당

매출을 늘리는 3단계 비법 Ⅲ
객단가 2배 높이는 비법

고객도 잡고, 직원도 잡는 객단가의 중요성

고객수를 늘렸다면, 다음은 객단가다!

불경기에는 저렴한 가격이 중요 마케팅 수단이 될 수 있지만, 주변 환경에 따라 다르다. 강남이나 청담동처럼 원래 객단가 높은 지역에서는 저렴한 가격이 차별화일지 몰라도, 인천과 같이 원래 객단가가 낮은 지역에서는 메리트가 없다. 또 싼 가격만을 내세우게 되면 힘만 들고, 돈은 되지 않아 직원들이 떠나기 쉽다. 따라서 실패하지 않기 위해서는 고객수를 늘리는 것도 중요하지만 객단가도 높여야 한다.

커트 고객이 선불권을 구입하기까지!

객단가를 올린다는 것은 고객 한 사람당 매출액을 늘리는 것을 말한다. 예를 들어, 기본 염색만 하는 손님의 객단가가 5만원 수준이라면 이 손님에게 펌을 추가하면 객단가는 10만원으로 늘어난다. 더 나아가 클리닉 관리권(선불권 또는 제품키핑)을 판매해 1~2달에 한 번 오는 고객을 열흘에 한 번씩만 오게 해도 연간 50만원을 지출하던 고객이 90~100만원을 지출하게 만들 수 있다.

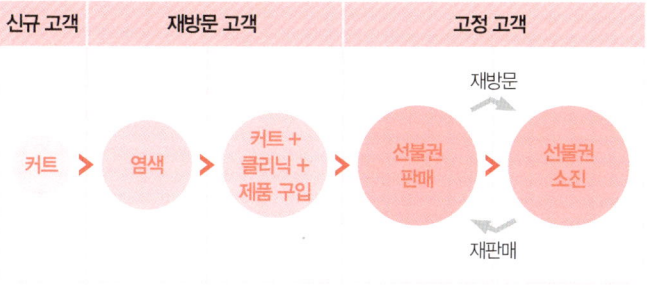

이번에는 신규 고객에서 고정 고객으로 변한 고객들에게 선불권을 판매하여 객단가를 올리는 미용실의 노하우를 알아본다. 선불권 판매도 소개 과정과 마찬가지로 고객과 라포를 형성하는 일

이 우선시되어야 한다.

고객이탈을 낮추는 선불권의 장점

선불권은 고객당 매출액을 높이면서 고객이탈도 방지할 수 있어 유용하다. 예를 들어, 일반 고객은 미용실 사정으로 고객이 원하는 날짜에 예약하기가 어려울 경우, 바로 다른 미용실로 이탈한다. 하지만 선불권 고객들은 대부분 다른 날로 예약을 잡기 때문에 이탈률이 낮다. 그리고 선불권을 가족이나 친구들과 공유하기 때문에 소진이 빠르고, 신규 고객 유입도 쉬워진다.

또한 일반 고객은 프리미엄 클리닉에 대한 가격 저항이 강하지만, 선불권 고객은 실제 돈을 결제하는 것이 아니라 보관된 돈을 차감하는 것이기 때문에 지출에 대한 감각이 둔해져 쉽게 이용하게 된다. 즉, 미용실이나 스타일리스트의 입장에서 매출이나 연봉을 획기적으로 늘리기 위해선 반드시 선불권을 판매해야 한다.

선불권의 종류

선불권은 서비스 방식에 따라 서비스 금액 추가 적립방식과 무료 시술 제공방식으로 나눌 수 있다. 서비스 금액 추가 적립방식은 50만원을 결제할 경우 5~15만원 정도(10~30%)를 추가 적립해 고객이 60만원을 사용할 수 있게 하는 것이다.

무료 시술 제공방식은 추가 적립금은 없지만, 특정 서비스를 무료로 시술해주는 것으로, 두 방식 모두 원가의 개념으로 생각하면 마찬가지다. 판매하기 쉬운 방식을 선택하면 된다.

현장의 목소리

선불권의 장점

- 선불권 고객만의 할인 및 서비스 제공
- 고정 고객화
- 이탈 고객 방지
- 신규 고객 확보(선불권을 가족 친구 등이 공유해서 사용)
- 매출 향상 및 객단가의 상승 효과
- 선 예약 확보(선불권 고객 시술은 대부분 예약제)

선불권 인센티브 정산법

선불권의 인센티브 정산방식도 '판매 시 정산방식'과 '소진 시 정산방식' 두 가지가 있다. 판매 시 정산방식은 선불권 매출 발생 시 해당 월 인센티브로 디자이너에게 지급하는 방법이고, 소진 시 정산방식은 선불권 매출은 매장명으로 올리고, 차감할 때마다 해당 차감액만을 매출로 계산하여 디자이너에게 인센티브로 지급하는 방법이다.

판매 시 정산방식은 선불권 판매 시에 디자이너는 목돈을 받아 좋지만, '잡아놓은 물고기 효과'로 고객을 소홀하게 대하는 경향이 종종 발생한다. 또 선불권 잔액은 부채이기 때문에 디자이너 퇴사 시 선지급한 인센티브 반환에 따른 경영자의 부담으로 최근에는 소진 시 정산방식이 선호되고 있다.

선불권 판매
3단계 공식

선불권 판매기법

선불권의 장점은 장기적으로 미용실의 매출이나 디자이너의 연봉을 올려주면서 고객 이탈을 최소화할 수 있다는 것이다. 많은 디자이너가 선불권 판매에 소극적이거나 두려워하는데, 선불권 판매 역시 세일즈 프로세스에 따라 구체적으로 진행하면 누구나 쉽게 판매할 수 있다.

디자이너가 선불권 판매에 소극적인 이유

디자이너가 선불권 판매에 소극적인 이유 중 첫째는 판매 거절에 대한 두려움 때문이고 둘째는 당장의 손실 때문이다. 예를 들어, 선불권을 판매하면 당장 8만원의 매출을 올릴 수 있는데 2만원을 할인해줘야 한다거나, 6만원의 시술 금액을 받을 수 있는데 무료로 서비스를 해줘야 한다.

셋째는 디자이너 스스로 선불권을 구매해본 적도, 판매해본 적도 없는 경우다. 판매자 자신도 경험해보지 못했는데 어떻게 고객에게 선불권을 자신 있게 판매하겠는가? 무엇인가를 판매하기 위해선 판매할 상품을 경험해 보는 것이 중요하다. 이때 선불권은 판매를 잘한다고 소문난 미용실에서 구매해야 한다. 그래야 고객들이 선불권을 구매하는 이유를 제대로 알 수 있기 때문이다.

선불권을 판매하는 3단계 과정!

가맹상담을 하다보면 스페셜 메뉴가격이 있는 사람들이 있다. 이 사람들은 자신에게 더 큰 금액을 지불하고 선불권을 구매할 용의가 있는 고객이라고 말한다. 그런데 처음 만나는 고객들도 그 원장에게 더 큰 금액을 지불(선불권을 구매)하면서 시술할 용의가 있을까? 이 부분은 그리 긍정적이지 않다.

스페셜 메뉴가격을 요청하는 원장의 고객들은 2가지 특징을 가지고 있다.

> ① 고객과 디자이너 사이에 라포가 충분히 쌓여 있다.
> ② 고객은 디자이너를 전문가로 인정하고 있다.

고객이 디자이너에게 선불권을 구매하는 이유는 디자이너와의 충분한 라포를 가지고 있고, 디자이너의 전문성을 인정하기 때문이다.

결국 선불권 판매는 고객과의 충분한 라포, 시술에 대한 신뢰, 가격 협상이 잘 어울러져야 가능하다. 여기서 시술에 대한 신뢰는 디자이너가 얼마나 전문가처럼 보이는지냐에 따라 좌우되며 이를 전문가 포지션이라고 말한다. 가격 협상은 디자이너가 원하는 방향으로 고객이 돈을 쓰게 만드는 것을 말하며 다른 말로 클로징이라고 한다.

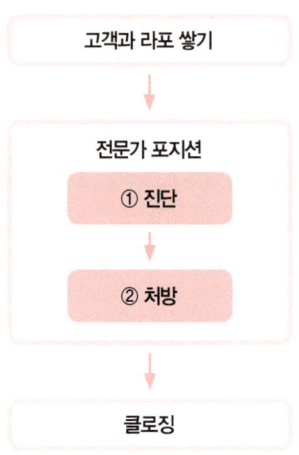

    1단계에 속하는 고객과의 라포는 첫째마당에서 설명한 칭찬하기, 고객을 신나게 하는 질문하기, 공감적 경청하기를 통해 형성할 수 있다. 1단계가 완성되었다면 전문가 포지션, 클로징 단계로 넘어갈 수 있다. 좀 더 자세히 살펴보자.

전문가처럼
보여라!

유니폼의 마법

의사 가운을 입은 사람의 말을 아무런 이유나 저항 없이 받아들이는 이유는 상대방의 전문성을 인정하기 때문이다. 예를 들어 충치에 보철재료를 덧씌워야 하는 고객이 보철재료로 보험적용이 되는 일반 재료와 보험적용이 되지 않는 세라믹 재료 중에서 선택해야 할 경우, 고객은 무엇이 어떻게 다른지 알 수 없다. (물론 세라믹이 더 좋지만 고가이다.)

아무런 지식이 없는 사람이라면 당연히 보험적용이 되는 저렴한 쪽을 선택하고 싶을 것이다. 하지만 의사가 "좀 비싸긴 하지만 환자분의 경우는 이러이러한 이유로 세라믹 재료를 사용하는 편이 좋겠습니다."라고 권했다면 어떨까?

대부분 거기에 수긍하고 다소 무리를 해서라도 세라믹 재료를 선택할 것이다. ==이렇게 전문가가 고객에게 의견을 제시하여 비싼 쪽을 선택하게 만드는 것은 특별히 어려운 일이 아니다. 확신하지 못하는 고객에게는 조언만 해주면 된다.==

고객에게 신뢰받는 전문가처럼 보여라!

이렇게 디자이너가 의사와 같은 전문가의 권위를 갖는 것을 '전문가 포지션'이라고 한다.

일반적으로 '손님은 왕이다!'라는 말이 있지만, 조금만 생각해 보면 꼭 그렇지만은 않다. 예를 들어, 고객이 탄머리를 상담했는데, 고객이 원하는 가격과 디자이너가 생각하는 가격이 달라 시술하지 않는다면 아쉬운 쪽은 고객이다.

복구펌과 같은 특정한 미용기술을 예로 들었지만, 식당의 음식이 맛있어야 하는 것처럼 미용사라면 머리를 잘해야 하는 것이 당연한 것이다. 아무리 미용시장의 경쟁이 치열하다고 하지만 사실 이 당연함(머리를 잘하는 것)만으로도 고객에게 전문가 대접을 받을 수 있다.

미용실 창업 성공요인 중 미용기술의 전문성은 사실 고객을 모으는 요소가 아니라 객단가를 올리는 부분과 밀접하게 관련되어 있다.

수료증이나 자격증, 수상내역은 단순하지만 효과가 있다!

문제는 고객이 자신을 시술하는 디자이너가 어떤 사람인지 전혀 모른다는 것이다. 따라서 고객에게 시술하는 디자이너가 전문가라는 인식을 심어줄 필요가 있다. 이를 위해 각종 수료증이나 자격증 또는 수상내역들을 자연스럽게 PR하는 것도 필요하다.

수상내역이라고 해서 거창한 것을 말하는 것은 아니다. 그 예로 전문학원에서 개최한 작품전시회 출전 경험 혹은 각종 브랜드에서 개최하는 콩쿠르(concours)에서 수상 경험을 들 수 있다. 이런 경험들을 잘 포장해 고객에게 어필하면 된다.

현장의 목소리

디자이너, 나만의 캐릭터를 만들어라!

고객이 미용실에 어떤 차림으로 오느냐에 따라 디자이너의 상담이 달라지고 대우가 달라진다. 그러면 고객의 입장에서 미용실을 바라보는 관점은 어떠할까?

고객의 입장에서도 고객은 더 멋지고 예쁜 디자이너에게 스타일링을 맡기고 싶어 한다. 또한 미용실 분위기가 무겁고 침울한 곳보다는 밝고 친절한 곳을 좋아한다.

디자이너의 외모가 동네 아줌마 같다면 고객은 자신의 머리를 믿고 맡길 수 있을까? 또 고객들은 디자이너를 쉽게 보고 금액만 깎으려고 할 수도 있다. 따라서 디자이너로서의 확실한 캐릭터를 만들어야 한다. 그런데 고객의 입장에서는 자신의 머리를 만지고 있는 디자이너가 전문가인지 전혀 알 수 없다. 첫 만남에서 평가할 수 있는 것은 외모와 복장뿐이다. 이를 통해 첫인상이 만들어진다. 그래서 디자이너라면 업무시간만이라도 자신의 캐릭터에 맞춘 복장과 외모를 하고 있어야 한다. 사람의 첫인상은 10초도 걸리지 않지만 각인된 첫인상을 바꾸기 위해서는 더 많은 시간과 노력이 필요하다.

프랜차이즈의 도움을 받는 것도 한 가지 방법이다

최근에는 디자이너의 전문가적 이미지를 만들고 마케팅을 도와주는 프랜차이즈도 있는데 이런 업체의 도움을 받는 방법도 좋다. 휴이엠 컴퍼니의 체인 중 하나인 디아르떼보스의 캐치프레이즈는 'Touch by pro!(전문가의 손길을 느껴라!)'이다.

디자이너 개개인에게 전문가의 이미지를 만들어주어, 미용실을 이용하는 고객들이 신뢰감을 느낄 수 있도록 기획된 프랜차이즈다.

월 1회 미니헤어쇼를 통해 모델사진 작업을 하고 미니헤어쇼에서 만들어진 사진을 SNS, 스타일북을 통해 고객에게 확산시킨다. 고객들은 전문가가 진행하는 수준 높은 스타일링을 받기 위해 미용실을 방문한다.

헤어 시연회, 스타일북 제작 등을 통해 고객에게 전문가 이미지를 심어주는 것이 중요하다. 이는 SNS 마케팅에도 매우 유용하다.

헤어 시연회

스타일북

고객은 비싸도
구매한다

무조건 저렴한 게 정답이 아니다

질병으로 수술이 필요한 상황인데, 수술비의 종류가 100만원, 70만원, 50만원이라면 어떤 것을 선택할 것인가? 물론 고가의 수술일수록 고통도 적고 휴우증도 적다. 일부 금전적으로 너무 어려운 사람들을 제외하고는 대부분 망설이지 않고 100만원의 수술비용을 선택할 것이다.

   고객은 자신이 받는 서비스는 무조건 싸야 한다고 생각하지 않는다. 우선 고객의 입장에서 가장 좋은 것을 설명해주고 전문가로서 권하고 싶은 서비스를 당당하게 권유하는 것이 중요하다. 그래도 가장 저렴한 베이직 서비스를 선택하는 것은 고객의 몫이다.

전문 자료를 바탕으로 고객을 진단하라

다시 강조하지만, 디자이너는 ① 전문성을 가지고, ② 고객의 스타일을 진단해, ③ 트렌디하면서 멋있고 아름다운 스타일을 처방하는 사람이다.

이때 최대한 구체적이고 과학적인 자료가 처방의 근거가 되는 것이 좋다. 로이드밤에서는 모발 상태에 따라 고객들에게 처방하는 헤어 케어가 달라진다. 고객들은 아래와 같은 자료를 통해 본인의 모발 상태를 확인하고, 개선하기 위한 방법은 무엇일지 파악한다. 디자이너의 목소리가 아닌 눈으로 볼 수 있는 자료가 신뢰도가 높다.

미용실이 고객의 외관만 신경 써주는 것이 아니라 모발 건강까지 신경 쓰고 있다는 느낌을 받는다면 디자이너에 대해 느끼는 감정은 남다를 것이다. 신뢰도가 쌓이면 고객은 언제든지 미용실을 찾을 것이고, 높은 금액도 마다하지 않을 것이다.

눈으로 볼 수 있는 과학적인 자료의 예시

'Yes'를 이끌어내는 클로징 기법

억지로 끼워 맞추지 말자

디자이너가 스타일을 진단하고 처방하는 것보다 더 어려워하는 것은 선불권 제안과 가격 클로징(계약을 제안하고 확정짓는 것)이다. 사실 이보다 더 어려운 것은 미용실에 대한 정보가 전혀 없는 고객을 집 밖으로 나오게 해 수많은 경쟁점들을 제치고 내가 운영하고 있는 미용실에 오게 하는 것이다. 그리고 고객들은 이미 머리를 하러 미용실에 들어왔고, 디자이너가 스타일을 추천하거나 특정제품을 제안하는 목적을 잘 알고 있다. 즉, 고객은 디자이너가 상담을 하면서 구매를 요구할 것이라는 사실을 잘 알고 있다는 것이다. 그런데 클로징이 어려운 이유는 자연스럽게 이어지지 않고 억지로 끼워맞추기식이 되기 때문이다.

세일즈에서 가장 편안하게 클로징하는 방법으로 '선택식 클로징'과 '테스트 클로징'이 있다.

선택식 클로징

'선택식 클로징'은 선택지를 질문 형태로 제시하고 스트레스를 느끼지 않고 대답할 수 있도록 배려해주는 것이다.

예를 들어, "A(금액 4만원)로 하시겠어요? B(금액 6만원)로 하시겠어요?"라고 상대방이 묻는다면 "아니오!"라고 대답하기 보다는 선택지의 어느 하나를 선택하게 되어 고객은 "A로 하겠습니다."라는 답변을 하게 된다.

이 방법은 구매할 것이라는 전제하에 질문 고객의 답변을 유도하는 방법이다.

테스트 클로징

'테스트 클로징'은 최종적인 클로징에 들어가기 전에 "만약 ~라면 ~입니까?"라는 질문을 하는 것이다.

예를 들어, "만약 커트와 두피 스켈프를 패키지로 3만원에 받을 수 있다면 하시겠어요?" 혹은 "만약, 이 책이 맘에 드시면 저를

특강강사로 초빙하시겠어요?'라는 형식의 질문을 하는 것이다.

어느 쪽이든 단도직입적으로 조건을 제시하면 고객은 "예" 또는 "아니오"로 대답할 수 있을 것이다. 이 테스트 클로징 기법을 고객이 관심 있어 하는 질문과 결합할 수만 있다면 더욱 효과적으로 고객의 의사를 파악할 수 있고, 상황에 따라 최종적인 클로징이 필요 없어지는 경우도 있다.

자연스럽게 구매를 유도하는 한마디

정액권 프로그램이나 가장 비싸고 좋은 서비스를 고객이 먼저 선택하지는 않는다. 따라서 디자이너가 먼저 요청하지 않으면 판매는 성사되지 않는다. 'No Ask, No Sale!(묻지도 않으면 판매도 없다!)'인 것이다. 따라서 세일즈 기법을 활용하여 자연스럽게 구매를 유도하면 효과는 배가될 것이다. 그 방법은 테스트 클로징 기법에 선불권 무료 시술 제공 방식을 응용하는 것이다.

① 고객이 이용한 서비스와 금액 간단 설명
② "만약 ~라면 ~입니까?" 문장으로 테스트 클로징
③ 선불권 구입으로 얻을 수 있는 혜택 언급

이를 실제 현장에 적용하면 다음과 같다.

> ① 오늘 시술하신 펌과 클리닉의 결제 금액은 10만원입니다.
> ② 만약 50만원 정액권을 끊으시면 50만원은 그대로 남고,
> ③ 오늘 시술 받으신 10만원은 무료인데 그렇게 해드릴까요?

즉, 선불권은 고객과 충분한 ① 라포가 쌓인 상태(2~3회 방문 시)에서 ② 전문성(보여지는 전문가의 모습과 시술 결과 만족), 정확한 진단, 처방과 ③ 잘 설계된 클로징이 결합하면 누구나 쉽게 판매할 수 있는 것이다.

선불권을 팔려고 무료 시술까지 해야 해?

무료로 시술하면서 선불권을 판매해야 한다고 하면 '이렇게 까지 하면서 선불권을 판매해야 하나?'하고 반문하는 디자이너가 많다. 하지만 조금만 생각해 보면 조삼모사(朝三暮四)임을 알 수 있다. 무료 시술 제공방식이 아닌 서비스 금액 추가 적립방식의 경우, 대부분의 미용실들이 보통 10~30%의 금액을 추가로 적립해주고 객단가가 높은 고급 미용실의 경우, 많게는 50% 이상을 추

가로 적립해주기도 한다.

즉, 50만원 선불권의 경우 55~65만원을 고객에게 적립해준다. 결국, 50만원 선불권의 경우 5~15만원 범위 안에서 무료 시술을 제공했다 하더라도 서비스금액 추가 적립방식과 전혀 차이가 없는 것이다.

 트리트먼트를 미용실에서 해야 하는 이유?

디자이너가 "트리트먼트 해드릴께요."라고 제안하면, 고객의 입장에서는 '내 손으로 바를 수 있는데. 왜 비싼 돈 주고 여기서 해야 하지?'라는 생각이 들게 된다. 고객이 그런 생각을 하는 것 같다면 "댁에서 하시는 홈케어 제품의 효과는 일시적입니다. 왜냐하면 모발의 겉면에만 영향을 주기 때문입니다. 모발 속까지 영양을 공급하기 위해서는 50도 이상의 스팀 타월을 이용해 트리트먼트 후 헹구기 전 5분 동안 모발에 덮어주어야 합니다. 그래서 미용실에선 전문가용 제품에 열처리가 들어가 트리트먼트 효과가 오래 지속되는 겁니다."라는 멘트를 던져보자. 그러면 고객의 입장에선 돈을 주고 서비스를 받는 이유가 충분히 납득될 수 있다. 사실 누구나 집에서 돈가스를 만들어 먹을 수 있다. 하지만 돈가스를 집에서 만들어 먹기보다는 외식으로 즐기는 사람이 훨씬 많은 것과 마찬가지로 실제 집에서 트리트먼트를 할 때 스팀타월로 열처리를 하는 수고를 하는 고객은 그리 많지 않다.

추가 수입을 올리는 점판제품 판매 방법

미용실에 점판제품이 재고로 쌓여 있어도 신상품을 도입해 또 다시 미용실에 재고가 쌓이는 경우가 많다. 제품회사의 입장에선 신상품이 개발되면 시장 점유율을 늘리기 위해 대규모 판촉행사를 하고, 원장은 기존 재고가 쌓여 있는 상태에서도 판촉행사에 혹해 제품을 구매하기 때문이다.

문제는 새로 도입한 대부분의 제품이 원장을 통해 판매되고 직원들에 의한 판매는 미미하다는 것이다. 그래서 원장은 직원들은 왜 이 좋은 제품을 팔지 못할까라는 생각을 한다.

사실 직원들이 점판을 못하는 가장 큰 원인은 새로 도입한 제품에 대해서 잘 알지 못하기 때문이다. 물론 제품 입점 시 입점교육을 하지만 상식적으로 단 1~2회 교육으로 제품에 대해 잘 알 수 있을까?

필자는 외부 출장이 잦아 새로운 식당에 자주 가게 된다. 메뉴가 생소한 경우, 종업원을 불러 어떤 것을 먹는 것이 좋을지 추천을 받는데 한번은 어떤 양고기 식당의 종업원이 "저희 가게에서 가장 많이 판매되는 음식은 ○○○입니다. 그런데 저는 △△△을 권합니다."라고 말하기에 왜 그 메뉴를 추천하느냐고 묻자, 그

종업원은 먹는 제스처까지 취해 가면서 재미있게 설명해주었다. 그래서 가격도 보지 않고 그 메뉴를 주문한 경험이 있다.

이렇게 먹기 전의 음식에 대한 이미지와 실제의 맛, 식후의 만족감까지 생생하게 설명해주면 대부분의 고객들은 종업원의 말을 믿고 그 메뉴를 주문한다. 이런 판매 방법은 미용실에도 그대로 적용된다. 즉, 미용실의 점판제품의 판매율을 높이기 위해선 아래와 같은 노하우가 필요하다.

① 제품의 기능 및 성분과 장단점에 대해 교육(입점교육)한다.
② 판매할 제품을 나누어 주어 집에서 일정 기간 동안 직접 홈케어를 해보게 한다.
③ 홈케어 후 제품 사용(임상) 후기를 적고 그 내용을 서로 공유한다.
④ 이 과정을 거치면 직원이 자연스럽게 자신의 경험을 고객에게 이야기하고 판매할 수 있게 된다.

점판제품 판매가 원장을 중심으로 이루어진 이유는 원장만 ①~④번 활동을 하고 직원들은 ①번 활동만 하기 때문이다. 어차피 재고로 남아 전시용으로만 쓰여지는 제품을 직원들에게 ② 인심쓰고(나누어주고) ③번 활동을 독려한다면 직원들에게 스트레스를 주지 않아도 자연스럽게 ④번으로 이어질 것이다.

프리미엄 서비스
효과적으로 판매하는 법

고객이 프리미엄 서비스를 구매하지 않는 이유

많은 디자이너는 거절에 대한 두려움 때문에 손님들에게 프리미엄 서비스를 제안하는 것을 어려워한다. 고객의 돈을 절약해준다는 측면에서는 기본 서비스만 권유하는 것이 맞다. 하지만 고객이 돈이 없어서 프리미엄 서비스를 구매하지 않는 것일까? 아무리 부자라고 해도 필요 없는 것을 구매하는 일은 없다. 반면에 돈이 없어도 필요하다고 생각하는 제품은 카드할부를 하는 한이 있어도 구매하고, 차는 외제차를 가지고 다니면서도 점심은 편의점 도시락으로 때우는 사람들을 주변에서 쉽게 볼 수 있다.

고객은 돈이 없어서 구매하지 않는 것이 아니라 투자가치를

느끼지 못해 구매하지 않는 것이다. 투자할 가치가 있는 것은 수억원의 대출을 받아서라도 구매하고, 그렇지 않는 것은 싸게 구입하기를 원한다. 그렇기 때문에 100만원짜리 명품 브랜드가 인기를 누리면서도 다이소와 같은 1000원대 생활용품점이 인기를 끄는 양극화 현상이 나타나는 것이다.

결국 고객에게 투자가치를 느끼게 해주고, 그것을 잘 어필한다면 자연스럽게 프리미엄 서비스를 구매할 것이다.

고객이 투자할 만한 가치가 있는 아이템 만들기

그렇다면 고객의 입장에서 비싼 돈을 내고도 투자할 만한 가치가 있는 아이템은 무엇일까? 그리고 어떻게 하면 고객에게 그 아이템을 어필할 수 있을까?

미용실에서 제공할 수 있는 대표적인 기본 서비스로는 커트, 염색, 클리닉 등을 들 수 있다. 많은 미용실이 이 기본 서비스를 바탕으로 디자이너 커트, 프리미어 클리닉 등 단가가 높은 서비스를 만들어낸다. 로이드밤에서는 엇비슷한 서비스 대신 차별화할 수 있는 서비스는 무엇일지 고민했고, 결국 두피에서 아이디어를 얻었다.

얼굴이 늘어지거나 주름이 생기는 주요 원인은 두피 노화이다. 두피가 노화되면 두피주름이 얼굴까지 내려와 얼굴주름을 생성하기 때문이다. 실제로 성형외과에서 얼굴의 주름과 늘어지는 곳을 없애고자 할 때, 두피를 당겨 봉해 버린다는 점을 생각해 보면 납득할 수 있을 것이다.

지금도 수많은 여성이 얼굴 주름을 없애기 위해 비싼 화장품을 쓰고 피부마사지 패키지를 끊어 관리를 받는다. 그런데 얼굴 주름에 큰 영향을 미치는 두피 관리는 전혀 하고 있지 않는 것이 현실이다. 더 큰 문제는 두피에 가장 스트레스를 주는 행위 중 하나가 펌과 염색시술이라는 것이다.

디자이너도 화학적 시술을 할 때 자신의 손(피부)을 보호하기 위해 반드시 깔깔이(장갑)를 착용하는데, 비용을 지불하고 시술하는 고객은 어떠한 보호조치도 없이 시술하고 있는 상황에서 프리미엄 서비스를 착안하게 되었다.

프리미엄 서비스에 적합한 아이템도 찾아냈고 아이템을 설득할 근거도 충분하면 어떻게 고객에게 다가가야 할까?

가치만 있으면 고객은 구매한다

앞에서 말했듯이 두피노화에 가장 많은 영향을 미치는 것은 펌과 염색이다. 아이러니하게도 미용실을 찾아오는 고객들이 가장 원하는 시술이기도 하다. 디자이너들은 화학적 시술 과정에서 이 과정이 두피에 미치는 영향과 보호조치에 대해 고객에게 상세히 설명해야 한다. 지금도 화학적 시술로 인해 발생할 수 있는 두피 손상을 치료하는 클리닉을 권유하지만, 많은 고객은 미용실의 영업행위라 생각하고 흘려 듣는 경우가 많다.

하지만 화학적 시술로 인해 많은 스트레스를 받는 두피에 대한 설명을 듣고 난 후 염색 약품이 두피에 그대로 닿는 차가운 느낌이 들었을 때 고객은 어떤 생각을 할까? '비싼 화장품, 피부관리가 무용지물이 되었네. 그래, 조금 비싸더라도 두피관리를 받아야겠어!'라고 생각할 것이다.

고객들의 눈높이에 맞춘, 투자가치가 있는 서비스를 만들었다면 이제는 이 서비스를 어떻게 팔 것인지에 대한 문제가 남았다.

아이템(투자가치)을 잘 팔기위한 사전준비

미용실에 아이템을 정착시키기 위해서는 가장 먼저 ① 미용실 게시용 pop와 ② 상담용 프레젠테이션을 준비해야 한다. 가시성이 있는 곳에 pop를 게시해 놓고 고객과 상담 시 게시된 pop를 가리키며 두피에 주름이 없는 이유를 설명하면 된다.

두피노화에 대해 설명한 POP

물론 말로만 설명하는 것이 아니라 다음 그림과 같이 상담용 프레젠테이션을 미리 작성해 놓고 스마트폰이나 패드 등을 이용해 1분 정도 프레젠테이션하면서 설명하는 것도 고객에게 신뢰는 물론 아이템을 구입해야 한다는 당위성을 심어줄 수 있다.

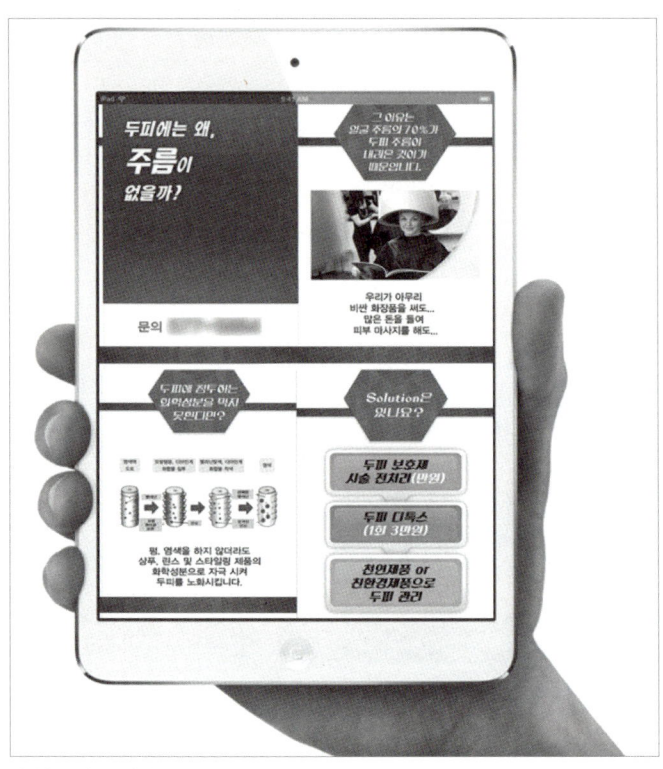

상담용 프레젠테이션 자료

객단가를 올리는
메뉴 구성

고객을 납득시키는 가격정책

자동차 정비소에서 혼란을 느끼는 사람들이 의외로 많다. 그 이유는 투명하지 않은 가격 구조 때문이다. 자동차 정비가격은 부품가격(물론 부품가격에 마진이 포함되어 있다)에 정비소의 시간당 공임이 추가되어 결정된다. 그런데 어느 정비소에 갔더니 10만원인 A사 부속을 사용하면 정비가격이 30만원이고, 정비가격이 5만원인 B사 부품을 사용하면 15만원이라고 한다. 정비사가 하는 일은 고작 20분 동안 해당 부품을 교체해주는 것이다. 부품에 따라 정비가격이 이렇게 차이가 난다면 고객들은 의문을 품게 될 것이다.

그런데 미용인들은 어떠한 가격정책을 펼치고 있는가? 시술에 1시간이 소요되는 동일한 펌인데, 비싼 수입 약품을 사용하면 10만원이고, 일반 저렴한 약품을 사용하면 5만원이라는 것 역시 고객입장에서 전혀 합리적인 가격정책이라 할 수 없다. 재료의 차별화로는 가격을 추가해 받기 어렵다. 고객의 입장에서 볼 때 펌이라는 결과물은 수입 약품을 사용하든 저렴한 약품을 사용하든 같아야 한다. 원장들끼리도 실력 없는 사람들이 제품 탓을 한다고 말하지 않는가?

고객의 입장에서도 헤어스타일(기술 차별화)이나 서비스 차별화에 따른 가격 차별화는 충분히 인정된다. 즉, 객단가를 높이고 싶다면 기술 차별화나 서비스 차별화에 따라 가격을 올려야 한다.

기술과 서비스 차별화로 객단가를 높여라

프리미엄 아이템을 서비스 메뉴에 자연스럽게 스며들게 해야 객단가가 높아진다. 그 방법은 기본 서비스에 프리미엄 아이템(투자가치)을 추가하는 것이다. 예를 들어, 디자인펌이라는 기본메뉴에 프리미엄 아이템(투자가치)을 추가하면, 다음과 같은 서비스 메뉴가 만들어진다.

■ 디자인펌 메뉴판

브론즈	4.0	기본 시술
실버	6.0	전처리(두피보호) → 기본시술 → 머신스케일링
골드	7.0	전처리(두피보호) → 기본시술 → 머신스케일링 → 두피디톡스

이렇게 메뉴가 구성된다면 고객의 입장에선 서비스 추가에 따라 가격이 달라진다는 사실을 일일이 설명하지 않아도 이해할 것이다. 또한 위 메뉴의 가격 순서를 어떻게 변경하느냐에 따라서도 객단가는 자연스럽게 올라간다.

브론즈 메뉴가 메뉴판의 상단에 위치하고 있는 경우, 여러분이라면 무엇을 선택할 것인가? 당연히 상단에 위치하고 있고 가격도 저렴한 브론즈 메뉴를 선택하게 될 것이다. 디자이너의 입장에선 고객이 브론즈(가장 저렴한 가격)를 선택한 상태에서 가격 올리기를 시도해야 하는데, 이는 어렵다.

그런데 메뉴 배치만 바꿔도 재미있는 일이 일어난다. 메뉴를 높은 가격부터 낮은 가격으로 배치만 변경해도 고객은 자연스럽게 실버를 선택하거나 가격에 민감한 고객들은 실버와 브론즈의 차이점을 묻게 된다.

이때 바로 고객에게 앞서 말한 '두피에는 왜 주름이 없을까' pop 광고를 가리키며 약 1분 정도 프레젠테이션을 시행하면 된다.

■ 디자인펌 메뉴 순서 변경

골드	7.0	전처리(두피보호) → 기본시술 → 머신스케일링 → 두피디톡스
실버	6.0	전처리(두피보호) → 기본시술 → 머신스케일링
브론즈	4.0	기본시술

또 고객이 실버를 선택한 상태에서는 실버와 골드와의 가격 차이가 크지 않기 때문에 디자이너의 입장에서도 실버에서 골드로 추천(가격 올리기)하기가 더 쉽다. 이런 방법은 미용실뿐만 아니라 다른 업계에서도 쉽게 시행할 수 있는 방법이다. 마사지샵을 예로 들어보자.

■ 마사지샵 발마사지 가격표

골드	10.0	족욕 → 아로마 → 스톤찜질 → 등마사지
실버	8.0	족욕 → 아로마 → 등마사지
브론즈	5.0	족욕 → 등마사지

디자이너 변경이나 재료 차별화에 따른 가격 올리기도 가능하다. 미용실의 입장에서는 객단가를 높여서 좋고, 고객의 입장에서는 합리적인 가격이라는 생각이 들게 할 수 있어서 좋다.

■ 디자이너에 따른 가격 메뉴판

Chemical Upgrade	1.0	프리미엄 제품으로 시술
Top Stylist	1.0	실장, 부원장 등 직급자 시술
Director	3.0	원장시술

이 방법으로 옵션을 만들어 놓으면 일반펌이라고 하더라도 최소 4만원(브론즈)부터 최대 10만원(골드+원장시술)까지 옵션이 붙기 때문에 서비스 가격이 자연스럽게 올라간다.

서비스 메뉴를 이런 방법으로 배치하기만 해도 싼 것만 추구하는 20%의 하위 고객들은 심리적(자존심)으로 자연스럽게 상위 단계의 서비스를 선택하게 된다.

프리미엄 서비스가 상단에 등장하는 메뉴 예시

싼 것만 찾는 하위 고객 입장에서도 투자가치가 있는 서비스 항목에 따른 가격추가이기 때문에 클레임이 차단되면서 객단가는 높아진다.

효율적인 클리닉 메뉴 구성

월 1천만원의 매출을 올리는 디자이너가 펌이나 염색 시술 시 클리닉 옵션 없이 매출 1천만원을 달성할 수 있었을까? 보통 월 매출 1천만원은 일반시술(70%)에 클리닉시술(30%)이 더해진 것이다. 서비스 메뉴 구성만 잘해도 전체 매출에서 30% 정도 차지하는 클리닉 시술을 40%대로 끌어올릴 수 있다.

이때 클리닉 시술에 사용되는 제품의 원가를 기준으로 가격에 차등을 두어서는 안된다. 제품의 원가를 기준으로 가격에 차등을 두면 고객의 입장에서는 가장 저렴한 제품을 선택할 것이기 때문이다.

전문지식을 바탕으로 손상진단표 등의 툴을 사용하여 시술시간 및 시술단계에 따라 가격에 차등을 두는 것이 고객의 입장에서도, 시술을 하는 디자이너의 입장에서도 가장 합리적이다.

프리미엄 서비스 정착, 문전 걸치기 전략을 이용하자

앞서 보여준 사례처럼 메뉴 구성만 바꿔도 고객들이 가지고 있는 프리미엄 서비스에 대한 두려움을 어느 정도 해소할 수 있다.

하지만 일부 독자들은 '프리미엄 서비스를 꼭 고객에게 제공해야 할까? 기존에 커트와 화학적 시술만으로도 높은 매출을 올릴 수 있지 않을까?'라고 반문할 수도 있다. 이러한 서비스가 중요한 이유는 일반 시장(펌, 염색, 커트)에서 프리미엄 시장(두피관리, 탈모관리, 헤드스파 등)으로 가는 교두보 역할을 하기 때문이다.

미용실 업계는 현재 포화 상태이다. 엇비슷한 서비스를 제공하여 고객들의 흥미를 끌지 못하고, 가격 차별화 혹은 SNS 마케팅 말고는 고객을 끌어당길 수단도 없다. 이런 상황에서 기본 서비스 외에 두피관리 같은 프리미엄 서비스는 차별화를 만들어 고객을 끌어당기고 객단가를 높여 매출 상승에도 기여한다.

하지만 이러한 프리미엄 서비스를 고객에게 정착시키는 것은 쉬운 일이 아니다. 언젠가 부산영화제에선 일부 영화운동가가 영화의 사전심의 철폐에 대한 서명운동을 하고 있었다. 그곳을 지나가던 사람들은 서명운동을 하는 사람들의 권유에 따라 별 생각

없이 쉽게 서명했다. 그런데 사람들이 서명을 마치자마자 그 옆에 있던 다른 사람이 그들에게 독립영화 발전기금을 모금하기 위한 배지를 사라고 권유하자 대부분의 사람이 별 저항 없이 2천원을 내고 배지를 샀다. 영화의 사전심의 철폐와 독립영화 발전기금은 엄연히 명분 차이가 있음에도 불구하고 일단 서명을 한 사람들은 당연한 수순처럼 배지를 구입하기 때문이다.

만일 순서가 바뀌었다면, 즉 서명 전에 배지를 팔았다면 결과는 달랐을 것이다. 상대적으로 저항이 적은 서명을 먼저 요청해 자신이 우리나라 영화 발전에 적극적으로 참여하는 사람이라는 자의식을 갖게 만든 다음, 이들로 하여금 일관성의 원칙이 이끄는 대로 독립영화 발전기금 모금용 배지를 구입하게 만든 것이다.

이런 방법을 바로 문전 걸치기 전략(foot-in-the-door technique), 줄여서 'FITD 테크닉'이라고도 한다. ==이 전략은 상대에게 처음엔 부담감이 적은 부탁을 해 허락을 받고, 그 다음에는 점차 큰 부탁을 하는 것으로, 마케팅, 세일즈 등에서 많이 활용한다.==

즉, 시장을 확장하기 위해선 고객에게 부담이 적은 연관 서비스부터 발을 담그게 하고, 목표로 하는 서비스를 제안해야 한다. 또한 이 부분에서도 프리미엄 서비스 메뉴를 정착시키는 방법과 같이 고객이 투자가치를 느낄 수 있는 아이템을 뽑아내고, 쉽게 어필할 수 있는 세일즈 툴(프로세스)을 준비해야 한다. 또 무엇보다도 효율적인 서비스 판매로 시스템을 정착시켜야 한다.

Salon Marketing

24 고객을 부르는 가게 입지
25 몰라서 못하는 빅데이터를 이용한 상권분석
26 레드오션 속 블루오션 찾는 법
27 고객이 몰리게 하는 공간경쟁력

넷째
마당

잘나가는 가게를
만드는 상권분석

고객을 부르는 가게 입지

고객을 부르는 가게 입지 찾는 법

인천, 부천 지역의 미용시장은 정말 만만치 않다. 중심 상권에는 가격을 포기한 듯한 대형 브랜드들이 저가 가격 정책으로 이미 자리를 잡았고, 주택가 상권의 소형 개인 미용실조차 치열한 경쟁이 붙어 가격은 완전히 무너져 있었다.

이런 전쟁터 같은 시장상황 속에서 2015년 12월 출발한 로이드밤의 등장은 큰 파란을 가져왔다. 미용업계에서 무덤으로 불리는 인천·부천 지역에서 순식간에 20여 개의 가맹점으로 성장했고, 2년여 만에 전국 가맹점 70개에 이르는 중형 브랜드로 성장했다.

로이드밤이 시장에서 급 성장한 이유는 간단하다. 낮은 가격을 전면에 내세우지 않고도 장사가 잘되었기 때문이다. 저가격을 내세우지 않음에도 손님이 끊이지 않다니, 누구나 혹할 사실이 아닐까?

   어떤 업종이든 장사가 잘되는 이유는 한두 가지 요인으로 정의할 수 없다. 마케팅, 적정한 가격, 인테리어, 좋은 상권을 잘 결합해야 성공할 수 있다. 로이드밤 역시 인테리어, 가격, 마케팅, 상권과 같은 요소를 잘 결합했기에 성공할 수 있었다. 이번 장에서는 위의 요소 중 상권을 중심으로 설명하려고 한다.

이탈 고객만큼 신규 고객이 확보되는 입지

대형미용실의 경우, 원장이 아닌 고용된 디자이너들이 시술을 한다. 여기서 문제는 오너와 고용인의 기술 차이가 크게 없더라도 고객을 대하는 접객 태도에는 차이가 있다. 오너의 경우 어떻게든 고객을 다시 오게 만들기 위해 최선을 다하지만, 고용인은 오너의 절박함에 50%에도 미치지 못한다. 바로 그 절박함의 차이로 인해 고객이 재방문을 하느냐, 하지 않느냐가 결정되고, 기존 고객 역시 계속 방문하느냐 이탈하느냐가 정해지는 것이다.

그래서 매출을 유지하기 위해선 기존 고객이 이탈하는 숫자 이상으로 신규 고객을 확보할 수 있는 자리에 입점해야 한다. 로이드밤은 가맹비와 로열티를 지불한다고 무조건 가맹점이 될 수는 없다. 매출이 높을 만한 입지에 입점시키는 것을 원칙으로 하기 때문에 반드시 상권심사를 거쳐야 한다. 중요한 것은 신청자가 가맹을 희망하는 입지 중 대부분이 심사에서 탈락된다는 것이다.

예를 들어, 아래 지역의 A입지는 입점이 가능하지만 B입지는 회의적이다. 그러면 B입지는 어떤 문제가 있기에 상권심사에서 탈락하는 것일까?

'살짝'이 고객수를 가른다

지도에서 보듯이 A매장은 지하철이라는 집객중심시설 옆에 위치하여 있고, B매장은 집객중심시설에서 살짝 벗어나 있다. 동일 지역이지만 A매장과 B매장은 고객 노출에 큰 차이가 있다.

예를 들어, A매장은 지하철역, 즉 집객중심시설 옆에 있어 누구나 인지할 수 있는 위치에 있지만, B매장은 누구나 인지하기가 쉽지 않다. 발길이 쉽게 닿지 않는 지역이기 때문이다.

이렇게 살짝 벗어난 위치로 인해 매장상권의 크기가 달라진다. 즉, 대형미용실을 경영하기 위해선 신규나 기존 고객이 이탈

하는 숫자 이상으로 신규 고객을 확보할 수 있는 자리에 입점해야 한다.

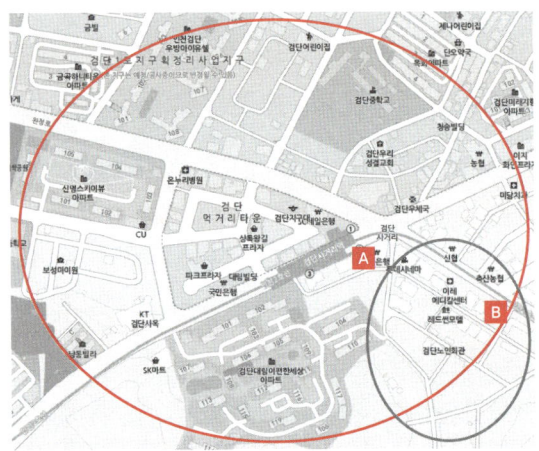

접객중심시설에 가깝게 위치한 A매장

몰라서 못하는
빅데이터를 이용한 상권분석

번화가에 1층 미용실이 없는 이유

창업 대상자들에게 '어느 지역에서 창업하겠습니까?'라고 물으면 상권이 좋은 곳에서 창업을 하겠다고 한다. 그리고 어떤 곳이 좋은 상권이냐고 물어보면 대부분 '저녁이나 주말이면 사람들로 붐벼서 주변사람들과 어깨를 부딪칠 정도로 혼잡한 지역'이라고 대답한다. 사람이 붐비는 홍대, 신촌 같은 번화가를 방문해보자. 걷다보면 의외로 미용실이 없다는 것을 눈치챌 수 있다. 미용실은 많지만 1층에는 거의 없고, 2층 이상에 입점해 있는 경우가 대부분이다. 이렇게 상권이 발달한 곳에 왜 1층 미용실이 없는 것일까?

이유는 간단하다. 효율적이지 않기 때문이다. 유명상권의 경우 보통 1층의 권리금이 1억원이 넘고, 10평 내외의 임대료가 350만원 이상이다. 그래서 유명상권이나 상권이 발달한 지역은 2층 이상에서 대형으로 입점해야 효율적이기 때문에 미용실들이 2층 대형 평수에 입점해 있는 것이다.

임대료와 서비스 가격

여기서 '상권이 좋다면 임대료가 높은 만큼 (서비스) 가격을 높게 받으면 되지!'라는 생각을 할 수도 있다. 만약, 좋은 상권에 미용실이 하나만 있는 독점 매장이라면 높은 가격을 받을 수도 있다. 하지만 상권이 좋다고 하는 지역을 보면 이미 수많은 브랜드와 개인 미용실이 경쟁을 하고 있다. 이러한 미용실과 서비스는 물론 가격으로 함께 경쟁해야 하기 때문에 상권이 좋은 곳 1층에 높은 임대료를 부담한다고 해서 (서비스) 가격을 높여 받기는 어렵다.

신도시도 쉽지 않은 이유

그렇다면 권리금이 없는 신도시는 어떨까? 수도권에 위치한 어떤 신도시를 가더라도 우선 부딪치는 것이 임차 보증금이다.

통상 1층에서 처음 창업을 하려는 분들의 창업자금이 6,000만원~1억원인데 1층의 임차 보증금이 5,000만원~1억원 수준이라 창업자금 전체가 임차 보증금이 되버리기 때문이다. 월세는 어떠한가? 누구나 보기에 좋은 자리는 350만원 수준이고, 그저 그런 자리도 250만원 수준이다. 판단의 근거는 간단하다. 수도권 신도시의 1층 상가의 분양가가 전용면적 기준으로 평당 4,000~6,000만원 사이이기 때문이다. 전용면적 12평을 5억원에 분양 받은 건물주가 임대료를 더 받고 싶어하는 것은 당연하다.

보증금, 권리금, 임대료가 부담스럽다고 무조건 저렴한 지역에 매장을 여는 일도 어렵다. 다음 사진처럼 한집 걸러 한집이 공실인 상황이 발생할 수도 있다.

한집 걸러 한집이 공실인 상가 1층 모습

상가 분양면적과 전용면적

상가를 분양받을 때 계약서에 기재하는 면적과 실제 사용면적은 크게 다르다. 예를 들어, 계약은 70㎡(약 21평)인데, 실제로 사용하는 면적은 35㎡(약 10.5평)밖에 되지 않는다.

그 이유는 상가를 건축하기 위해선 공용으로 사용하는 화장실, 계단, 복도, 공용편의시설, 각종 설비시설과 주차장을 포함해야 하기 때문이다. 그래서 70㎡를 분양받았다고 하더라도 실제 사용할 수 있는 면적은 35㎡인 것이다. 이 경우 전용률은 50%(35㎡÷70㎡)가 된다. 그래서 전용면적이 50%인 경우, 평당 2,000만원에 계약을 했더라도 전용면적을 기준으로는 평당 4,000만원에 구매한 것이다. 전용률(약 40~75%)은 상가마다 편차가 있을 수밖에 없다. 전용률이 높은 상가와 낮은 상가의 장단점을 비교해 보면 아래와 같다.

	장점	단점	대표 유형
전용률 높은 상가	공간 활용도 우수, 분양가 대비 실 분양가 낮음, 관리비 절감 등	공용 부분 취약, 외부 동선 의존률 높음, 상권 활성화 위한 필요 면적 미약 등	단지 내 상가, 근린상가 등
전용률 낮은 상가	상권 활성화 위한 필요 공간 확보, 고객 동선 확보 유리 등	공간 활용도 취약, 분양가 대비 실분양가 높음	주상 복합 상가, 테마 상가 등

돈이 되는 구도심 지역 찾기

결국 창업자금 7,000~8,000만원에 월 임대료 200만원 이하의 미용실을 창업하기 위해선 구도심 지역을 선택할 수밖에 없다. 자리를 찾다보면 프랜차이즈 빵집, 편의점, 약국 등이 입점해 있고, 주변 상가들도 장사가 잘되는 듯한 느낌을 받는 곳이 눈에 들어올것이다. 하지만 이러한 상권은 특별한 사정이 없는 한 임차로 잘 나오지 않아 권리금을 지불하고 임차권을 확보해야 한다.

구도심 지역에서 상권이 어느 정도 형성되어 있는 곳의 권리금 수준은 2000~5000만원 수준이다. 보증금의 수준도 2000~5000만원 수준이고, 월 임대료는 150~250만원 수준이다. 여기에 인테리어와 시설 집기 장비, 미용재료 풀세트가 3,500만원 정도한다. 즉 소규모 미용실을 창업하기 위해선 적어도 7,500만원 수준의 창업자금이 필요하다.

■ **소규모 미용실 예상 창업 비용(구도심 지역 기준)**

	금액	비고
권리금	2,000만원	
임차 보증금	2,000만원	
인테리어, 간판	2,000만원	노멀한 수준의 인테리어
시설 집기 장비	1,500만원	시스템 에어컨, 미용 기자재 등
소계	7,500만원	

대기업 빅데이터로 자리 찾는 법

그러면 구체적으로 어떤 상권을 공략해야 할까? 현재 여러 가지 상권분석 툴(도구)이 존재하고 있지만, 가장 효율적인 방법은 대기업에서 빅데이터를 바탕으로 분석한 입지에 입점하는 것이다.

그러면 우리는 어떻게 대기업의 빅데이터를 확보하고 활용할 수 있을까? 오른쪽 표는 대기업형 편의점인 GS25의 정보공개서다. 아무리 편의점이 힘들다 해도 10,604개의 가맹점들의 연평균 매출액(POS 매출기준)은 6억 7,922만원으로, 1만 여 개 편의점의 평균 1일 매출액은 186만원에 달한다.

이는 하루에 186만원이 판매되고 있는 입지라면 수요층이 확보되어 있는 입지라는 의미다. 즉, 현재 대기업형 편의점(CVS)

· 가맹점사업자의 평균 매출액 및 면적(3.3㎡)당 매출액   단위

지역	2016년		
	가맹점수	평균매출액	면적(3.3㎡)당 평균매출액
전체	10,604	679,223	32,331
서울	2,467	744,331	41,832
부산	604	695,212	31,871
대구	303	674,770	30,661
인천	584	691,596	36,047
광주	193	551,844	22,685
대전	288	661,570	29,194
울산	207	672,090	26,476
세종	43	622,703	29,635
경기	2,552	704,389	36,756
강원	397	604,681	24,733
충북	339	625,601	25,411
충남	510	650,414	27,437
전북	325	564,091	22,628
전남	248	594,502	21,903

출처: 공정거래위원회 가맹사업거래 정보공개서

입지는 그들의 빅데이터 및 상권분석의 결과인 셈이다.

모든 업종 중 상권에 가장 민감한 업종은 편의점(CVS)이다. 전국 3만 여 개의 대기업형 편의점은 인테리어나 상품의 구성 및 상품가격도 비슷한 수준으로 판매하고 있다. 미용실이나 식당의 경우, 거리가 멀어 불편해도 더 저렴하고 더 서비스가 좋은 곳으로 이동해서 구매하지만, 편의점의 경우 가깝고 이용하기 편리한 위치가 구매의 기준이 된다. 예를 들어, 동일한 아파트 단지에서 동일한 가격으로 상품을 판매하고 있는 A편의점의 일 매출은

250만원이고, B편의점은 일 매출이 130만원이라는 차이를 보이기도 한다. 그 차이는 정문에서 50m 떨어져 있느냐 아니냐에 의해 발생한다.

이렇게 편의점의 경우 동일 상권임에도 불구하고 위치에 따라 매출이 매우 민감하게 반응하고 있다. 소규모 미용실을 창업하며 위치를 고민한다면 대기업형 편의점의 위치가 좋은 기준이 될 수 있다.

자리 검증하는 법

동일상권에 위치한 편의점이라 하더라도 위치에 따라 일 매출이 250만원 또는 100만원이 나올 수 있다. 이 경우 당연히 일 매출 250만원이 나오는 입지가 더 좋기 때문에 250만원이 나오는 편의점 근처에 미용실을 창업을 하는 것이 유리하다.

그러면 평균 이상의 일 매출이 나오는 편의점을 우리가 어떻게 판단할 수 있을까? 이 경우 매장의 컨디션을 보면 된다. 매출이 잘 나와서 돈을 벌면 점주의 매장 애착 수준이 커지고, 매장 상품의 구성이나 청결 수준이 높아진다. 하지만 매출이 그저 그런 경우, 점주의 애착 수준이 점차 떨어져 상품의 구성이나 청결 수준이 낮아진다. 즉, 이처럼 잘되는 매장인지, 어려운 매장인지는 유통에 대한 이해가 짧아도 직관적으로 판단할 수 있다.

예를 들어, 유통사의 입장에서 A와 B입지의 일 매출이 동일하게 186만원인데 월 임대료는 A가 300만원이고 B가 100만원이라면 어떤 판단을 할까? 수요의 크기는 A입지나 B입지나 동일하게 186만원이기 때문에 유통사의 입장에서는 B입지가 훨씬 효율적이다. 그렇다면 수요의 크기는 동일하게 일 매출 186만원 수준인데, A입지는 왜 임대료가 300만원이고, B입지는 100만원일까? A입지는 누가 보더라도 좋아 보이는 입지고, B입지는 그저 그런 입지이기 때문에 임대료가 저렴한 것이다. 보기에 그저 그런 입지라서 임대료가 저렴하지만 상권의 규모는 월 임대료가 300만원인 입지와 별반 다를 바 없다면 B입지가 더 효율적인 것이다.

정리하면 소규모 미용실의 상권입지분석의 가장 효과적이고 직관적인 방법은 임대료가 저렴하면서 매장의 컨디션이 좋은 대기업형 편의점 옆자리 또는 건너편 자리를 찾는 것이다.

레드오션 속
블루오션 찾는 법

경쟁점의 숫자보단 컨디션이다

위 방법대로 자리를 찾았다고 고민이 끝나는 것이 아니다. 다음 고민은 '경쟁점이 많은데 과연 장사가 될까?'일 것이다. 사실 가장 확실한 상권은 독점이나 과점상태의 상권이다. 그런데 독점을 한다는 것이 현실적으로 가능할까? 음식점으로 바꿔 생각해 보자. 우리 주변에는 수많은 음식점이 있기 때문에 독점이 불가능할 것 같다. 그러나 고객들은 "먹을 게(갈 곳이) 없어!"라는 말을 한다. 즉, 음식점이 많은 것이 중요한 것이 아니다. 고객의 입장에서 갈 만한 곳이 있는지가 중요하다.

괜찮은 자리를 찾은 후에는 주변 경쟁점들을 파악해야 하는데, 이때는 경쟁점들의 숫자뿐만 아니라 매장 컨디션도 중요하게 확인해야 한다.

미용실이 많은 것이 중요한 것이 아니라 고객의 입장에서 얼마나 경쟁력이 있는 미용실이 많은지가 더 중요한 것이기 때문이다. 그래서 경쟁점들의 매장 컨디션이 떨어지는 구도심 지역에 괜찮은 미용실을 오픈하면 높은 매출을 기대할 수 있는 경우가 많다.

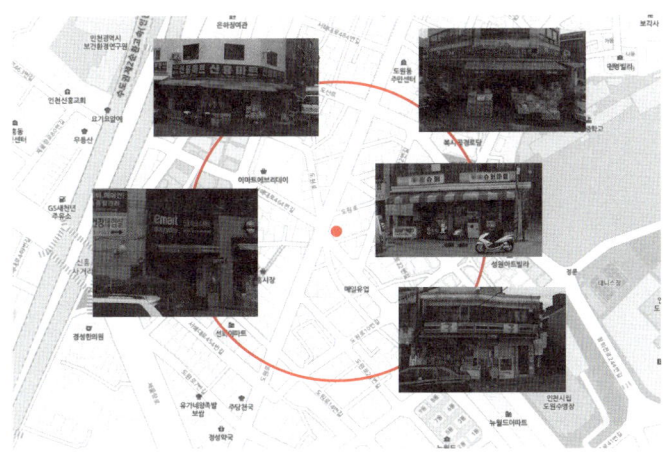

동일상권 내에서 경쟁하는 5개의 슈퍼마켓

유통업을 예로 들어보자. 앞의 사진에 나타난 지역을 보면 대기업형 슈퍼마켓(SSM) 1개를 비롯하여 로컬 미니슈퍼 4개가 반경 100m의 동일상권 내에서 경쟁하고 있다.

고객의 입장에서 장을 볼만한 곳은 대기업형 슈퍼마켓(SSM) 한 곳이라 볼 수 있고, 주변 로컬 미니슈퍼들의 경우 간신히 유지만 하고 있는 좀비점포라 볼 수 있다. 또한 이들 미니슈퍼를 이용하고 있는 고객들의 대부분은 노년의 저소득층이 대부분을 차지하고 있다.

재미있게도 4개의 로컬미니슈퍼 중 1개가 대기업형 편의점(CVS)으로 업종전환을 했는데, 일 매출이 40만원에서 180만원으로 상승했다.

일 매출 40~50만원

일 매출 150~200만원

또한 기존 미니슈퍼의 이용객들은 주로 싸게 팔고 있는 물건도 비싸다고 말하는 저소득층, 노년층이었는데, 대기업형 편의점으로 전환한 이후에는 평소에 전혀 볼 수 없었던 3040 직장인들과 학생들이 주 고객층을 이루었다. 즉, 상권이 나빠 장사가 안 된 것이 아니라 고객의 입장에서 갈 만한 곳이 없었기 때문에 장사가 안 된 것이었다.

고객이 몰리게 하는 공간경쟁력

고객은 공간도 함께 구매하고 있다

그렇다면 고객에게 가보지도 않은 미용실을 어떻게 갈만한 곳으로 어떻게 인식시킬 수 있을까? 그것은 미용실의 외적 이미지를 갈 만한 곳으로 만들어야 하는데, 그것이 바로 익스테리어와 인테리어다.

분명히 말하지만, 고객들은 단순히 음식 맛이나 양을 구매의 기준으로 판단하지 않고 전반적인 이미지를 소비의 큰 기준으로 삼고 있다. 커피숍의 대명사인 스타벅스 역시 단순히 '커피'를 파는 곳이 아니라 '공간'을 파는 곳이라고 말하고 있다. 물론 갈 만한 곳의 이미지로 고객을 오게 만들고, 실제로 갈만한 곳(맛집)이 되어야 한다.

로이드밤은 월 매출 1,000만원의 매장을 인수하며 대대적인 익스테리어와 인테리어 작업을 진행했다. 고급스럽고 깔끔한 내외부가 완성되었고 이후 월 매출은 5,500만원으로 껑충 뛰었다.

■ **매장 외관에 따른 매출 변화**

100의 비용으로 120을 만드는 인테리어 방법

문제는 창업자들 누구나 인테리어나 익스테리어를 잘하고 싶지만 많은 사람이 실패한다는 것이다. 실패의 원인은 무조건 싼 것만 찾거나 지인(친인척)들에게 인테리어를 맡기는데 있다.

특히 창업도 처음이고 인테리어도 처음 해보는 사람이 많은 실수를 한다. 예를 들어, 집을 지을 때 처음 건축하는 사람과 30채 이상 집을 건축해본 사람은 분명히 다르다. 집을 처음 건축하는 사람은 애착심으로 인해 특정 부분에 집착하는 성향이 크다. 자기는 분명히 좋아서 했는데 집을 팔 때 자신의 집착(보편성이나 조화가 떨어짐)이 걸림돌로 작용해 손해를 보는 경우도 있고, 자기가 하고 싶은 것을 하느라 100의 비용을 들였는데 결과는 80밖에 나오지 않는 경우가 대부분이다. 그런데 30채 이상 건축해본 사람은 특정한 부분에 집착하지 않는다. 전반적인 조화와 균형감을 가지고 판단하기 때문에 100의 비용으로 120의 결과를 만들어낸다.

인테리어의 경우는 경험이 많다고 다가 아니다. 어느 업종이 전문이냐가 더 중요하다. 식당 인테리어 30개를 해보았지만 미용실 인테리어는 처음인 경우와 미용실 인테리어만 30개를 한 사람이 같을 수는 없다. 고객의 동선, 경대와의 거리, 미용실 설비시스템과의 균형과 조화 그리고 비용 등을 전반적으로 검토해야 하는데, 미용실 인테리어가 처음인 경우 이 부분에서 감을 잡지 못하기 때문이다. 그래서 지인업자 인테리어의 경우 100의 비용을 들였지만 80의 결과도 나오지 못하는 것이다.

결국 인테리어를 확실하게 망하는 방법은 창업이 처음이라 인테리어에 대한 애착이 큰 오너(발주자)가 싸게 하겠다고 해당분

야가 전문이 아닌 지인업자와 함께 인테리어를 하는 것이다.

로이드밤의 내부 인테리어

인테리어, 이것만 조심하자!

같은 식당 업종이라 하더라도 유명 프랜차이즈 인테리어를 주로 하는 사람과 동네 식당 인테리어만 경험한 업자들은 분명히 다르다. 동네 식당 인테리어를 주로 한 사람에게 대기업 프랜차이즈 인테리어와 동일한 컨디션으로 맞추라고 하면 처음 단가는 싸게 나온 것 같지만, 시공 결과가 엉뚱하게 나와 재시공 비용이 더 커지는 경우가 비일비재 하다.

또 인테리어의 경우, 재료비 비중보다 노임 비중이 크기 때문에 일정 퀄리티를 유지하면서 기간을 단축시키는 것이 최종비용을 절감하는 지름길이다. 그런데 동네 인테리어만 하다가 백화점 인테리어를 하게 되면 시공에 따른 시행착오가 발생하고 이로 인한 재시공이나 시공기간이 연장되어 비용이 기하급수적으로 늘어나게 된다. 인테리어 업자들이 중간에 잠수를 타는 것는 것은 바로 이 때문이다.

특히 조심해야 하는 업자들도 있다. "재료는 직접 사주시고요, 인건비만 결제해주세요."라고 말하는 업자들이다. 이 경우 대략적인 인건비와 재료비 합이 20% 정도(2,000만원 → 1,600만원) 절감되는 것 같아 진행했는데, 재시공이나 시공기간이 연장되서 결국 100% 이상 들어가고 인테리어 품질도 형편없는 경우가 많다. 하지만 위와 같은 계약은 직영이기 때문에 AS문제도 본인이 책임져야 한다. 작은 것 하나라도 AS 요청 시 1~2시간 뚝딱 거리고 일당을 20~30만원씩 달라고 한다. 결국 본인이 부른 사람들이기 때문에 일당을 안 줄 수도 없다. 미용실도 경쟁 때문에 받고 싶은 가격을 못 받는 것처럼 인테리어도 경쟁이 심해 마진폭이 그리 크지 않다.

인테리어 비용을 줄이는 3가지 방법

인테리어 비용을 가장 아낄 수 있는 현명한 방법은 ① 인테리어를 카피하고 싶은 점포를 기준으로 ② 미용실 전문 인테리어 업자들에게 비교 견적하고 ③ 계약할 인테리어 업자가 직접 시공한 미용실을 3개 정도 확인한 후 계약서를 작성하는 것이다.

Salon Marketing

28 장사를 잘하는 것과 경영을 잘하는 것은 다르다
29 열정적인 디자이너가 열정적인 오너가 된다
30 내부 고객을 만족시키는 인테리어의 중요성
31 첫 방문 마케팅이 전부가 아니다
32 경영 성공은 직원 교육에 달렸다
33 직원을 스스로 일하게 만들어라
34 직원 구인도 마케팅의 일종이다
35 꼰대 원장 되지 않는 법
36 2호점 오픈이 세상에서 제일 어려웠어요

> 다섯째 마당

상권이 나빠도, 가격이 비싸도, 잘되는 법

장사를 잘하는 것과 경영을 잘하는 것은 다르다

장사와 경영은 다르다

사장 1명이 운영하는 1인 미용실이든 직원 1~2명과 함께하는 소규모 미용실이든 좋은 자리에서, 좋은 인테리어를 갖추고, 합리적인 가격과 마케팅을 적절히 결합하면 장사는 잘될 수밖에 없다. 그런데 2호점을 오픈하거나 가게가 성장하여 직원들의 숫자가 늘어나면 위와 같은 공식이 전혀 통하지 않는다.

실제로 필자는 상권분석과 미용실 거래를 주업으로 했기 때문에 매장별 매출수준을 비롯한 내부정보에 어느 정도 정통할 수 있다. 이러한 정보를 함께 공유하고 있던 필자의 동료는 월 매출 5,000만원이 넘는 미용실이 몰려 있는 시내 중심가에 미용실을 창업했다. 매출이 보장되는 자리라도 미용 기술은 필요하기에 당시 대형 브랜드샵에서 실력 좋은 분을 점장으로 채용하기도 했다. 좋은 시작이었다. 필자가 봐도 주변 미용실의 매출이나 가격 경쟁력 그리고 점장의 실력을 본다면 돈을 벌 수 밖에 없는 구조였기에 창업을 한 동료를 무척이나 부러워했다. 그런데 동료는 10개월간 약 1억원을 손해보고 미용실을 접었다. 도대체 무엇이 문제였을까?

나만 잘하는 것만으로는 어렵다

사실 오너(원장)가 직접 시술하며 매장을 관리했다면 충분히 목표매출에 도달할 수 있는 환경이었다. 하지만 오너가 미용 관련 기술이 없고, 또 상주하지 않는 상태라면 이야기는 달라진다. 창업한 오너가 직접 매장을 관리하고 운영하면 자연스레 절박해질 수밖에 없다. 들어간 투자금을 생각하면 당연한 것이다. 당시 필자가 바라본 그 점포는 디자이너들의 절박한 마음이라고는 하나도 없이 '여기는 우리 없으면 망해!'라는 마인드로 자신들이 편한 대로 일을 하고 있었다.

미용시장은 다른 기술직과 마찬가지로 만성적인 구인란에 시

달리고 있기 때문에 매장이 망해도 취업할 수 있는 미용실은 널려 있고, 이러한 사실을 디자이너들은 이미 알고 있다. 즉, 오너가 기술이 없는 상황에서 기술자들이 이 부분을 악용하는 것은 어찌 보면 당연하다.

내가 직원으로 일하거나 1인 창업을 했다면 나만 잘하면 된다. 그런데 내가 일하지 않는 시스템에서는 구성원들이 일을 열심히 하게 만들어야 하는데, 이 부분에서 실패하는 경우가 많다.

경영은 핵심은 인재 양성과 관리다

매장 관리와 경영을 빵에 비유하면 이해하기가 쉽다. 소규모 매장을 운영하는 데 5개의 빵이 필요하다면, 5개의 빵을 공급하면 된다. 그런데 직원 수가 늘어나거나 2호점을 오픈한다면 10개의 빵이 필요하다. 하지만 오너가 가진 빵은 5개뿐이기 때문에 문제가 발생한다.

5개의 빵이 필요한 1호점이 있고, 이곳에 또 5개의 빵이 필요한 2호점을 오픈했다고 가정해보자. 오너의 입장에서는 5개의 빵을 나눠서 1호점에 2개, 2호점에 3개를 배분하게 되는데, 문제는 둘 다 5개의 빵을 공급하지 못한 상태가 된다. 결국 어느 하나를 포기하지 않는 한은 둘 다 무너질 수밖에 없다. 그래서 '1호점은 흑자인데 2호점은 왜 적자지? 직원들이 왜 자꾸 속을 썩이지? 왜 관두지?'라는 문제가 끊임없이 발생하는 것이다.

이런 경우 가장 중요한 것이 바로 '사람'이다. 직원이 늘어나거나 지점이 확대되는 경우, 오너가 열심히 노력한다 해도 매장 관리가 더 힘들어지는 경우가 많다. 이런 시점에서 에너지를 보다 효율적으로 사용하기 위해서는 지금 당장의 손익을 따지는 것이 아니라 내부 인재를 양성하는 교육에 에너지를 집중해야 한다. 그래야만 오너가 가진 5개의 빵은 모두 내부 인재양성과 교육에 힘을 쓰고, 이렇게 교육으로 양성한 인재들이 매장을 관리하게 할 수 있기 때문이다.

휴이엠 컴퍼니의 경영 마인드와 철학 전격 분석

재미있게도 필자의 동료가 망한 자리 옆이 바로 같이 일하고 있는 김민회 대표님의 휴이엠 헤어였다. 휴이엠 헤어의 경우는 자리가 좋지 않아도, 가격이 주변 미용실보다 2배나 더 비싸도, 더군다나 대표가 직접 일하고 있지 않음에도 높은 경영성과를 내고 있다.

그 이유는 바로 내부 인재를 양성하는 교육서비스가 잘 정착

되어 있기 때문이다. 휴이엠은 어떻게 내부인재를 양성하고 시스템을 정착시켰는지 휴이엠 컴퍼니 김민회 대표의 생생한 목소리를 통해 마케팅, 직원 관리 및 교육, 경영 노하우 등을 알아보자.

열정적인 디자이너가
열정적인 오너가 된다

망신당하던 디자이너에서 스타 디자이너로

전 고등학교 때 미용사 자격증을 취득해 20세에 디자이너가 되었습니다. 어린 나이에 경험까지 부족했고 고객들의 클레임과 동료들의 비웃음에 잠도 못자는 지경에 이르렀죠. 전 부족한 실력을 채우기 위해 2년 여에 걸쳐 전국 유명 교육기관에서 커트 교육을 받았고 이후 1년은 컬러, 다음 1년은 펌, 그 다음해는 업스타일을 공부해 가며 버는 돈을 모두 기술을 연마하는 데 투자했습니다.

당시 국내 교육기관은 거의 거쳤기 때문에 일본에 가서 질감처리기법, 일명 샤기컷을 배워왔는데 동료들조차 커트치는 게 이상하다고 말을 했습니다. 그런데 이 커트기법이 젊은층에게 화제가 되면서 포털사이트에서 샤기컷을 치면 동시에 제 이름이 뜨기 시작했습니다. 고객들뿐만 아니라 커트 기법을 배우려는 미용사들이 몰려오면서 유명세를 떨쳤고, 이런 경험은 제게 큰 자신감을 안겨주었습니다.

끊임없이 몰려오는 손님들과 기계처럼 반복되는 일상에 익숙해지자 매일 똑같은 방식으로 손님 머리를 하는 것이 지루해졌습니다. 그래서 이때 시작한 것이 바로 업스타일입니다. 당시, 아니 지금도 다른 디자이너는 고객의 헤어가 끝나면 기껏해야 매직기로 펴주거나 아이롱으로 웨이브 연출을 해주곤 하는데 저는 신선하게 고객에게 업스타일을 제공했죠. 다른 곳들과는 차별화되는 서비스를 선보이니 자연스레 소문이 났고 업스타일 때문에 찾아오는 여자 고객들이 많아졌습니다.

눈으로 보여주는 서비스를 시작하라

이렇게 공부와 연습을 멈추지 않으니 23세부터는 손님 머리를 하는 데 막힘이 없어졌고, 24세 무렵에는 미용실의 직원 교육을 도맡아 할 정도로 실력이 상승했습니다. 커트, 펌, 드라이에 대한 노하우를 직원들에게 교육하면서 시작한 것이 바로 포토북이었습니다.

당시에는 아날로그 카메라로 사진을 찍었기 때문에 이런 접근이 쉽지 않았습니다. 저는 방문한 고객들의 헤어 스타일링 과정과 완성된 모습을 모두 인화한 후 앨범으로 만들었습니다. 그리고 다른 고객이 방문했을 때 포토북을 펼치고 구체적인 스타일링 상담을 진행했죠.

"층은 조금만 내주세요. 머리는 어깨만큼 오게요. 가볍게 보일 수 있도록 해주세요." 등 애매한 표현보다 눈으로 직접 보고 자신이 원하는 방향을 이야기할 수 있으니 고객 입장에서도 좋고 디자이너 입장에서도 스타일링하기가 좋았습니다.

단순히 사진만을 모아 놓은 포토북이 아니라 '좀 더 세련되게 꾸미면 더 좋지 않을까?'라는 생각으로 포토샵도 배웠습니다. 사진을 찍고 꾸미면서 나만의 스타일북을 만들 수 있었고, 고객들에게 큰 호응을 얻었죠. 미용실에서만 보기 아깝다는 의견도 있어서 책 형태로 제본해 단골 손님들에게 배포하기 시작했고, 그 책을 보고 찾아오는 신규 고객까지 생겨났습니다.

고객에게 특별한 경험을 제공하자

고만고만한 미용실들 사이에서 어떤 요소를 내세워야 경쟁력이 생기고, 고객을 끌어당길 것인지는 모든 창업자의 고민입니다. 27살경에 월급받는 디자이너에서 미용실을 창업하게 되면서 저는 미용실 콘셉트를 '헤드스파'로 잡았습니다. 사실 오픈하면서 바로 헤드스파가 도입된 것은 아니었어요. 네일아트도 해보고, 메이크업도 해보다가 스파가 최적의 서비스라는 것을 알게 된 것입니다. 헤드스파란, 두피 스케일링부터 마사지를 통한 스트레스 해소까지 제공하는 서비스를 말합니다.

자주 가던 음식점에 주방장이 바뀌면 같은 음식이라도 맛의 차이가 느껴집니다. 음식의 종류는 전과 같기에 손님들이 바로 차이를 눈치채기 어렵죠. 하지만 맛이 달라지면 점차 손님이 사라집니다. 이는 어느 가게나 마찬가지입니다. 미용실에서 요리사는 곧 디자이너입니다. 디자이너를 평생 붙잡아둘 수도 없는 노릇이고, 계속 바뀌는 건 어쩔 수 없는 일이죠. 그래서 디자이너가 바뀌어도 손님에게 꾸준하게 제공할 수 있는 서비스는 무엇일지 고민하다 나온 것이 바로 헤드스파였습니다.

그래서 어떤 디자이너가 들어오더라도 동일한 교육을 시켜 헤드스파 서비스를 몸에 익게 했습니다. 고객이 방문하면 아로마 향을 맡게 하고, 몸을 이완시키는 음악을 틀고, 마사지를 시작하는 등 하나의 절차를 만들었습니다. 그리고 이 서비스는 휴이엠을 방문하는 고객들이 휴이엠을 떠올리게 하는 대표 서비스가 되었습니다.

디자이너가 언제든 교체되도 고객이 기대하는 서비스가 고정적이기에 손님은 늘 있었고, 이들은 디자이너가 바뀌어도 미용실 하나만 보고 계속 단골로 남아주었습니다.

디자이너보다는 브랜드를 보고 오게 만들자

일반적인 미용실은 디자이너 개인에 대한 매출 의존도가 큽니다. 그래서 소위 톱클래스 디자이너가 그 밑에 있는 직원 2~3명을 데리고 나가면 그 미용실은 문을 닫아야 할 정도로 큰 타격을 입곤 합니다. 그런 사례를 여러 차례 목격했기 때문에 고객들이 디자이너 개인을 보고 오게 하는 것이 아니라 미용실을 보고 오게 만들고 싶었습니다.

이렇게 만드는 것이 힘든 이유는 고객들이 특정 디자이너 때문에 미용실을 방문하는 것이 아니라 미용실의 브랜드를 보고 방문하게 만들어야 하기 때문입니다. 매출의 하향 평준화는 쉽습니다. 그러나 상향 평준화시키는 것은 굉장히 어려운 일입니다. 미용실 매출에서 디자이너에 의존하는 비중을 줄이기 위해 정찰제를 정착시키면서 매출이 낮은 디자이너들은 끊임없는 교육으로 수준을 높여 놓아야 하기 때문입니다.

정찰제로 고객을 안심시키자

디자이너 간의 매출 격차를 줄이기 위해 첫 번째로 시행해야 할 것은 가격 정찰제입니다. 시술 가격에 상한선을 확실히 정해 바가지를 쓰는 고객이 없도록 만들어야 합니다.

그동안 개인의 영업 능력에 따라 큰 매출을 가져갔던 톱클래스의 디자이너들은 이에 큰 불만을 보였고, 몇몇 디자이너들은 미용실을 떠나기도 했습니다.

사실 대형 브랜드샵의 디자이너들은 아직도 이렇게 매출을 올리고 있습니다. 기본 시술 가격은 정해져 있지만, 그 이후 옵션 추가에 의해 20만원을 받든, 100만원을 받든 디자이너 재량으로 가격을 정할 수 있습니다. 디자이너의 영업 능력, 소위 말하는 말빨(?)과 밀당에 의해 가격이 책정되는 것입니다. 하지만 상한가를 확실히 정한 정찰제를 시행하면 디자이너는 고객에게 이런 식의 가격 책정을 할 수 없습니다.

비록 몇몇 디자이너들을 떠나보냈지만 고객들로부터 '이곳은 바가지를 씌우지 않는 미용실'라는 신뢰를 얻었습니다. 결과적으로 미용실 브랜드 이미지에 큰 공헌을 했고, 디자이너 개인보다 미용실을 보고 찾아오는 단골 고객들이 크게 증가했습니다.

내부 고객을 만족시키는 인테리어의 중요성

인테리어는 미용실의 얼굴이다

미용실을 창업했을 때 첫달 순이익이 40만원, 그 다음달엔 60만원, 80만원으로 차츰 성장했고, 6개월째 딱 천만원의 순수익이 남았습니다. 당시 천만원의 수익이 남자 그동안의 수익금 모두를 인테리어에 다시 투자했습니다. 부족한 창업자금으로 시작한 창업이라 인테리어가 부실할 수 밖에 없었습니다. 손님들과 직원들에게 뭔가 부족하고 미안한 감정이 늘 있었죠.

이렇게 인테리어에 재투자하고 1년 정도 지나자 건물주가 3층에도 미용실을 해보라며 좋은 임대조건으로 제안을 했습니다. 제가 입점한 건물이 낡고 어두운 건물이었는데 제가 화려한 간판에

샹들리에도 달아 놓으니 건물의 분위기도 살고, 건물 가치도 올라갔던 겁니다. 건물주의 제안으로 3층에 인테리어 공사를 시작하면서 1년 동안 번 돈을 모두 투자했습니다.

인테리어만으로 죽은 건물이 살아나고 고객들의 반응도 좋아지는 걸 보면서 인테리어의 중요성을 새삼 느꼈습니다. 이런 식으로 10년 동안 5번 정도 인테리어를 바꿔가며 건물 전체를 조금씩 리모델링해 나갔습니다. 물론 건물주의 바램대로 건물가격은 예상했던 것 이상으로 크게 올랐습니다.

로이드밤의 인테리어 컨셉

인테리어가 곧 가게의 자부심이다

제가 인테리어에 신경 쓰는 이유는 인테리어에 따라 달라지는 고객 반응도 있지만, 무엇보다 직원들의 반응이 다르기 때문입니다.

매장의 인테리어 수준이 높은 경우에는 매장에서 일하는 직원들의 자부심도 올라갑니다. 좋은 인테리어에서 근무하는 직원들은 무척이나 빛나 보입니다. 그리고 직원들 스스로 인테리어에 어울리는 자신을 만들기 위해 노력합니다. 반대로 아무리 톱클래스 디자이너라 할지라도 매장 컨디션이 그저 그런 곳에서 근무한다면 톱클래스 디자이너일지라도 빛이 나지 않습니다.

매장 컨디션이 좋지 않은 상태에서 직원들만 예쁘게 꾸미라고 하는 것은 어려운 설득입니다. 직원들을 만족시키는 인테리어가 되어야 고객들도 그 분위기를 느끼고 더 많이 방문하게 됩니다.

내부고객을 만족시키는 인테리어

고객들은 미용실에 들어오고 3초 만에 여기서 머리를 할지 말지를 판단합니다. 제일 빠른 반응은 눈에 보이는 인테리어 컨디션(시각), 두번째는 향기(후각) 세번째는 귀에 들리는 음악(청각)입니다.

먼저 매장의 공간이 좋다는 느낌을 받은 후, 펌이나 약제 냄새가 아닌 아로마 향기를 맡고, 심신을 차분하게 만드는 음악이 들리면 고객은 이곳에서 머리를 하고 싶다는 느낌을 받게 됩니다.

또한 직원들 역시 자신이 머무는 공간을 사랑하고 자부심을 느껴야 근속 기간도 늘어나고 전체적인 조직의 분위기에도 좋은 영향을 줍니다. 이런 깨달음을 얻은 후 저는 직원들도 또 다른 고객이라는 생각을 가지고 내부와 외부 고객을 상대로 어떤 마케팅을 해야 할지 노하우를 얻었습니다. 사람마다 관점은 다르겠지만 좋은 인테리어는 내부 고객과 외부 고객을 사로잡는 일석이조의 효과를 볼 수 있습니다.

31

첫 방문 마케팅이 전부가 아니다

자주 오는 고객을 더 우대하라

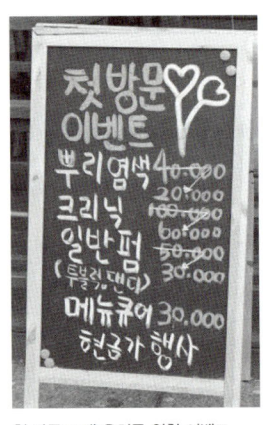

첫 방문 고객 유치를 위한 이벤트

많은 사장님이 마케팅을 진행할 때 간과하는 것이 처음 방문한 손님들에게만 혜택을 주는 것입니다. 첫 방문 고객을 위한 할인, 사은품 증정 등의 마케팅을 통해 고객을 끌어들이면 그들은 두 번, 세 번 방문하며 단골이 되어갑니다. 그런데 이때 대부분의 미용실은 객단가를 높이기 위해 점점 더 높은 가격의 서비스를 유도하는 경우가 많습니다.

휴이엠 헤어는 고객 방문에 따라 등급이 정해져 있습니다. 웰컴멤버, 뉴클래스, 실버클래스, 골드클래스의 등급 고객 중 가장 상위 골드클래스 고객에게 가장 많은 혜택을 제공하고 있습니다. 방문 횟수가 높은 고객일수록 할인 혜택을 크게 받는 원리입니다.

■ 휴이엠 헤어의 멤버십 기준

이름	승급 기준	혜택
웰컴멤버	첫 방문 시	• 40% 할인 혜택이 포함된 쿠폰 6매 증정
뉴클래스	5번째 방문 시	• 커트 1,000원 할인 • 펌 & 컬러 10% 할인 • 생일 고객에게 40% 할인 • 연간 펌, 컬러, 클리닉 30% 2회 할인 • 스타일링 및 케어 제품 5% 할인
실버클래스	11번째 방문 시	• 커트 2,000원 할인 • 펌 & 컬러 15% 할인 • 생일 고객에게 45% 할인 • 연간 펌, 컬러, 클리닉 30% 3회 할인 • 스타일링 및 케어 제품 10% 할인
골드클래스	21번째 방문 시	• 커트 3,000원 할인 • 펌 & 컬러 20% 할인 • 생일 고객에게 50% 할인 • 연간 펌, 컬러, 클리닉 30% 4회 할인 • 스타일링 및 케어 제품 15% 할인

신규 고객을 유치하기 위한 이벤트도 물론 중요하지만, 실질적인 미용실의 수익은 재방문 고객들로부터 나옵니다. 그래서 기존 고객들의 이탈을 방지하고 충성도를 높이기 위한 혜택 제공도 중요한 마케팅이라는 사실을 잊지 말아야 합니다.

매출의 바이오리듬을 알면 이벤트가 쉬워진다

처음 미용실을 운영하고 1년이 지났을 때 재미있는 사실을 발견했습니다. 각 월마다 조금씩 매출 변동이 있다는 사실이죠. 1월은 평균 매출, 2월은 높은 매출, 3월은 평균 매출, 4월은 최악의 매출 등 1년 동안의 매출 흐름을 파악한 후 그 다음해에도 살펴봤는데 이와 비슷한 양상을 보였습니다.

모두 위와 같은 양상을 보이지 않겠지만, 업종을 운영하는 사람이라면 누구나 성수기와 비수기가 존재한다는 것을 알고 있습니다. 좀 더 경영 이력이 쌓인다면 확실한 데이터를 축적할 수 있겠죠. 비수기와 성수기를 확실히 나눌 수 있다면 비수기 기간 동안은 프로모션이나 이벤트를 통해 매출 상승을 노려볼 만합니다.

매출 흐름은 장사하는 사람이라면 무조건 파악하고 있어야 하는 기본 자료입니다. 이런 매출의 흐름 자료를 살펴보면 이벤트가 쉬워집니다. 매출의 하락이 예상되는 월이 다가올 때 손 놓고 있는 자영업자는 없겠죠. 그래서 대부분의 가게는 장사가 안될 것이라 예상되는 달에 매출을 높이고, 고객을 유치할 수 있는 이벤트를 진행합니다. 겨울에 큰 폭의 할인을 진행하는 헬스클럽이 대표적인 사례입니다.

그렇다고 장사가 안 되는 달만 이벤트를 하는 것이 아닙니다. 사장님들의 가장 큰 실수가 장사가 잘되는 달은 그거 자체로만 안심하는 것입니다. 이벤트를 통해 장사 잘되는 달은 더 잘되게 만들어야 합니다. 예를 들어, 고객들이 5만원 정도만 쓰는 기간보다 고객들이 10만원을 쓰려고 마음을 먹는 기간에 이벤트를 진행하면 그 고객들은 20~30만원의 매출을 올려줍니다. 이 기간이 진짜 돈을 벌 수 있는 기회입니다.

직원들의 수익을 생각하자

1인 미용실이라면 매출이 안 나오는 달에 이벤트를 진행하여 평균 매출을 유지하는 것이 더 유리할 수도 있습니다. 하지만 직원이 많은 매장의 오너 입장이라면 직원들의 수익을 보장해줘야 합니다. 돈을 벌지 못하면 직원들은 쉽게 그만둡니다. 평균 매출도 유지하면서 매출을 폭발시키는 월도 간간이 만들어줘야 직원들의 만족도가 올라가죠. '원장님, 저 이번 달은 돈 많이 벌어 해외여행가요!'라는 목소리가 곧 직원 복지입니다.

경영 성공은
직원 교육에 달렸다

교육으로 성장시킨 인재의 중요성

앞서 말한 대로 미용실의 콘셉트를 헤드스파로 잡고 경영을 시작하자, 새로운 문제점이 발생했습니다. 새로운 직원을 외부에서 채용하면 미용실의 통일된 서비스인 헤드스파를 배우게 해야 하는데 다른 곳에서 이직을 해온 디자이너들을 적응시키기 어려웠습니다. 그들은 그동안 해온 것으로도 힘들지 않게 매출을 올릴 수 있었는데 가게의 통일된 서비스를 배우고 서비스하게 만드는 것이 어려웠던 겁니다.

결국 해답은 외부의 인재를 데려오는 것이 아니라 내부에서 교육을 통해 자체적으로 인재를 양성해 내는 것이었습니다. 직접 키웠던 디자이너들은 헤드스파 서비스가 고객에 대한 당연한 서비스로 여기고 스스럼 없이 따라주었기 때문입니다.

만약, 당장의 매출만 따진다면 다른 곳에서 경력을 쌓은 디자이너를 채용해도 됩니다. 하지만 그 미용사가 들어옴으로써 오너는 그 순간의 이득 때문에 그 미용사의 비위를 맞추게 될 것이고, 그러면 브랜드의 색깔이 희미해집니다. 저는 그런 순간의 편안함을 선택하지 않았습니다. 그 미용사가 퇴사하면 우리 미용실은 이도저도 아닌 게 돼버리기 때문입니다. 이는 모든 업종에 해당하는 이야기입니다. 사람들을 교육시키면서 성장시켜야 매장만의 문화가 생기고 서비스가 제대로 정착됩니다.

직원도 경영 교육이 필요하다

제가 직원으로 일하고 있을 때 대학교에서 진행하는 최고경영자 교육을 수료했습니다. 그곳에서 공부하면서 규모가 큰 미용실의 원장을 비롯, 사업을 운영하는 오너와 교류하면서 직원으로 일했던 제가 오너 마인드로 변했습니다. 분명한 것은 직원이 가진 절박함과 오너가 가지는 절박함은 다르다는 것입니다. '잠깐 일하고 떠나면 그만'이라는 생각과 '매출을 올리고 내 가게를 확장시켜야지'라는 생각은 일에 대한 태도로도 이어집니다.

내가 가게와 함께 성장하겠다는 마인드를 모든 직원이 가지고 있다면 그 가게는 반드시 성공하겠죠. 그래서 저는 직원들도 이런 마인드를 가지게 하기 위해 기술 교육뿐만 아니라 경영 교육에도 집중했습니다.

대부분의 자영업자들은 오너가 교육을 받고, 교육받은 내용을 자신의 직원들에게 적용하려 합니다. 문제는 오너도 10가지 교육을 받았다면 1가지 정도만 제대로 이해한 상태인데 그 내용을 직원들에게 제대로 전달하기가 어렵다는 겁니다. 그래서 저는 경영 교육 강사를 직접 초빙해 직원들이 직접 최고경영자 교육을 받게 했습니다. 이런 교육과정을 1개월에 1, 2번씩 2년을 진행했더니 직원들의 의식수준이 자연스레 높아졌습니다.

슬럼프에 빠져 퇴사를 생각하다가도 교육을 듣고 퇴사를 접는 경우도 있었습니다. 슬럼프에 빠진 직원을 오너가 직접 챙기면 직원은 이를 격려가 아니라 잔소리로 느낄 수 있습니다. 하지만 강사에게 교육을 받고 강사와 직접 상담하면 직원 스스로 슬럼프를 극복해 나갈 수 있습니다.

이렇게 2년을 교육하다 보니 교육을 들으며 성장했던 직원이 후배들에게 교육을 전달하고, 또 다음 후배에게 자연스럽게 이어지는 선순환이 나타났습니다. 자연스레 윗물이 맑아지니 아랫물이 맑아지는 것이죠.

교육의 중요성을 인지하는 것만으로도 좋은 시작이다

제가 주변 원장들에게 이런 교육을 제안하면 한 번에 50~60만원 하는 강사들을 어떻게 초빙하느냐고 손사레를 칩니다. 액수가 아니더라도 직원 교육할 시간이 없고, 필요성을 느끼지 못해 하지 않는 경우도 많습니다.

직원 교육은 당장 눈에 드러나는 결과가 없고 비용과 시간만 발생하기에 많은 분이 망설입니다. 하지만 '내 밑에 직원들이 나와 같은 마인드로 일한다면 얼마나 좋을까'라고 한 번이라도 생각한 적이 있다면 교육은 꼭 필요합니다.

조직의 분위기를 바꾸고, 직원의 애사심을 높이는 것만큼 좋은 매출 원동력은 없습니다. 저도 당장의 수익만을 생각했다면 하지 못했을 겁니다. 하지만 교육의 중요성을 깨닫고 일찍 시작했기에 차별화할 수 있었습니다. 당장 시작하기 어렵다면 교육의 중요성만 마음에 새겨두세요.

직원을
스스로 일하게 만들어라

피상적인 직원 교육은 그만!

많은 사장님이 실수하는 것이 직원들을 직접 겪어보기 전에 판단부터 하는 것입니다. 직원들을 바라보며 '이 친구는 지금 키워도 못할 것 같으니까 나중에 키우자', '이 친구는 예쁘니까 빨리 키우자' 등의 생각을 하곤 합니다. 여기서 키운다는 것은 고객도 몰아주고, 일반적인 교육 과정도 단축시켜준다는 뜻입니다. 그래서 원장에게 아부를 잘하고 원장이 보기에 좋은 친구들이 기회를 빨리 얻게 됩니다.

그런데 그런 직원들은 어느 정도 고정 고객도 있고 실력이 쌓이는 단계가 되면 자신을 키워준 미용실을 그만둡니다. 다른 미용실로 가서 경력 디자이너로 일을 시작하고 싶은 것이죠. 이런 상황이 2~3번 반복되다 보면 원장들은 결국 사람을 키우는 일을 포기하게 됩니다.

휴이엠의 경우, 인턴 교육기간이 매우 짧은 편입니다. 대부분의 대형 브랜드의 디자이너 승급 기간은 3년 정도인 데 비해 휴이엠은 12개월 안으로 교육을 끝내고 실전에 투입시킵니다. 일반적인 미용실은 펌, 염색, 드라이교육을 1~2년 정도 받은 후에 커트 교육을 받습니다. 그런데 교육이 끝나도 실전에서 가위가 손에 익으려면, 다시 1년이 걸립니다.

사실 이런 교육시스템은 인턴입장에서 비효율적입니다. 그래서 휴이엠은 인턴 교육 초기에 커트 교육을 시행합니다. 먼저 커트로 머리의 형태를 만드는 것을 배우고, 그 이후에 드라이와 펌을 배우면 좀 더 커트에 대해 이해도가 높고 기술을 숙달시키기 수월합니다. 이렇게 스타일별로 커트 → 펌 → 드라이 과정을 1년 동안 반복하면서 초급 디자이너로 승급하게 됩니다.

그만두는 디자이너를 억지로 붙잡을 수 없다

제가 이렇게 디자이너를 빨리 키우게 된 것은 그동안의 실패 경험 때문입니다.

2007년도에 인턴 1명을 애지중지 교육시켜 디자이너로 성장시켰습니다. 그런데 시간이 얼마 지나지 않아 다른 미용실로 이직했고, 이후 3년 동안 같은 일이 반복되었습니다. 계속 키운 직원들이 이탈하자 회의감이 들었습니다. 주변 원장도 "나갈 인턴을 왜 그렇게 키우냐"며 비웃기 일쑤였죠. 당시에 오기가 생겨 2010년에 3명을 한꺼번에 교육시키며 디자이너로 성장시켰습니다. 그러자 2명이 나가고 1명이 남았습니다. 2011년에는 5명을 교육시키자 2명이 남았고, 2012년에 10명을 교육시키자 4명이 남았습니다.

이런 과정이 반복되면서 좋은 인재가 채워졌습니다. 발전적이고 모범적인 사람들이 쌓이다 보니 2016년에는 15명의 디자이너 승급자 중 1명을 제외하고 모두 남았습니다.

나가겠다는 디자이너를 억지로 붙잡을 수는 없습니다. 다만, 꾸준한 교육으로 인재를 축적해 나간다면 그만두는 디자이너로 인해 가게가 휘청거리는 위험은 없을 것입니다.

스스로 리더가 되게 만들어라

보통은 직급을 달고 승급을 하면 아래 사람들에게 일을 시키는 것에 익숙해져 본인의 일은 소홀해지기 일쑤입니다. 상위 직급의 사람이 책임 의식을 가지고 솔선수범하는 것, 한 문장으로 정리하면 쉽지만 제대로 실천하기는 어려운 일이죠.

어느 날 실장이 저를 찾아와 이렇게 말했습니다. "원장님, 저는 점장이 언제되나요?" 그 말을 듣고 저는 "실장이 실장 자리 비우고 점장하면 지금 실장은 누가 해? 실장이 점장되고 싶다면 아래 사람들을 키우고 가르쳐서 그들이 실장의 업무를 수행할 수 있게 만드는 게 먼저지"라고 대답했습니다.

아래 직원들을 아끼고 챙기면서 쉽게 이직할 수 없게 만들고, 단골 손님을 많이 만들 수 있도록 돕는다면 직원들은 실장의 리더십과 자격을 갖추게 됩니다. 점장이 되고 싶다면, 직원 스스로 후배를 키워내 실장의 재목으로 만들어야 한다는 마인드를 심어 줘야 합니다.

대부분의 미용실에서 승급의 기준은 매출입니다. "○○○님 이번에 매출이 2,000만원이네. 다음 달부터 실장으로 승급해."라는 말은 휴이엠 헤어에서 통하지 않습니다. 다만 후배들을 어떻게 양성하고 있고, 그 후배들로부터 어떤 평가를 듣느냐가 승급의 중요한 기준이 됩니다.

시스템에 적응하지 못하는 디자이너는 나쁜 디자이너일까?

로이드밤 창업은 이런 의문으로 시작했습니다. 제가 초창기 오픈했던 휴이엠 헤어의 분위기는 상당히 정적이고 고급스럽습니다. 모두 같은 유니폼을 입고 클래식 음악이 흐르는 조용하고 모던한 분위기 속에서 모두가 적응하고 있는 것은 아니었죠.

인턴부터 시작해 디자이너로 키워진 남자 디자이너 1명이 있었는데 지저분한 머리 스타일과 문신으로 치장한 그는 도저히 이런 분위기에 어울리지 않았습니다. 하지만 무턱대고 해고할 수도 없는 노릇이었죠. 그의 업무에 문제가 있는 것은 아니니까요. 단순히 지금 분위기에 맞지 않을 뿐이지, 다른 곳에서는 충분히 제 색깔을 보이며 발전할 수 있는 디자이너라 여겼고, 그것이 로이드밤의 시작이었습니다.

이미 미용실로 여러 차례 망한 저렴한 자리에 로이드밤을 오픈했습니다. 그리고 그곳에 휴이엠 헤어에는 어울리지 않았던 자유분방한 스타일의 디자이너를 보냈고, 그들 스스로 관리하게 만들었습니다. 다르게 말하면 관심을 주지 않았죠. 휴이엠 헤어처럼 체계적인 교육 시스템도 없었고, 출퇴근도 자유로웠고, 매출에 대한 압박도 주지 않았습니다. 그러자 놀라운 일이 벌어졌습니다. 월 매출 1,000만원 수준을 겨우 달성하던 미용실이 월 5,000만원을 넘기며 높은 성장을 이룬 것입니다.

시스템에 적응하지 못하는 것이 잘못된 일은 아닙니다. 오히려 그 직원으로 인해 저는 다른 형태의 미용실을 고민할 수 있었고, 이는 성공으로 이어질 수 있었습니다. 각각의 직원들의 캐릭터를 파악하고 그 직원에게 맞는 자리를 찾아주는 것도 성공의 기반이 될 수 있습니다.

직원 구인도
마케팅의 일종이다

직원 복지를 생각하는 미용실

업계 특성상 미용실에서 디자이너를 채용하는 일은 무척 빈번합니다. 그래서 디자이너를 모집하는 구인 광고를 올리는 것이 일과 중 하나가 되기도 하죠. 이때 '어차피 내는 구인 광고를 마케팅의 수단으로 만들면 어떨까'하는 아이디어가 떠올랐습니다.

그래서 직원들을 위한 복지 정책을 구인 광고에 드러내기로 마음먹었습니다. 예시로 휴이엠 헤어는 크리스마스에 쉬는 것이 원칙입니다. 대부분의 자영업 사장님들은 크리스마스같은 성수기에 쉬는 게 말도 안 된다고 생각하지만, 의외로 크리스마스에는 고객이 많지 않습니다. 가족들, 연인들과 시간을 보내는 통에 미용실은 한산할 때가 많은 것이죠. 그래서 과감하게 크리스마스를 휴무일로 잡았고, 이를 구인 광고에도 드러냈습니다. 업계에 소문은 빠르게 퍼졌고 '직원 복지가 좋은 미용실이네'라는 메시지를 암암리에 전달할 수 있었습니다.

직원 복지를 한눈에! 사규집과 교육 프로그램

1:1 채용 면접을 진행할 때 제가 꼭 보여주는 책자가 있습니다. 직원 출근시간, 마감시간, 지각처리, 결근처리, 복지 등의 규칙이 담긴 80쪽짜리 규정집인데, 지원자에게 사규집을 건네고 그 책을 먼저 읽게 합니다. 미용실에 대해 궁금했던 것보다 더 많은 정보를 사전에 보여주는 것이죠. 미용실의 상세한 업무 체계와 복지를 읽게 하면 지원자가 더 열정적으로 면접에 임하는 효과도 가져올 수 있습니다.

 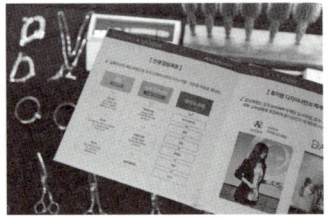

휴이엠 헤어 리쿠르트 북

또 구인구직 광고를 올릴 때 미용실에서 진행하는 직원 교육 프로그램도 같이 올립니다. 회사가 직원들의 교육을 위해 이렇게 투자하고 있다는 것을 보여주는 것만큼 좋은 광고가 없죠.

그리고 텍스트보다 그림으로 보여주는 방식을 선호했습니다. 회사의 경영 목표, 복지, 교육을 웹디자인으로 멋지게 편집해 올리니 미용업계 종사자들에게 큰 호응을 얻을 수 있었습니다.

2008년도 휴이엠 헤어 지점을 오픈할 때 오픈 직원 공고를 이런 식으로 올렸는데 면접에 무려 68명의 디자이너가 몰렸습니다. 68명에게 모두 커피를 샀는데 무척 뿌듯함을 느꼈습니다.

휴이엠 구인공고 샘플

꼰대 원장
되지 않는 법

발전하려고 노력하는 직원의 기를 꺾지 말라

디자이너 시절, 5일간 해외연수를 떠날 일이 있었습니다. 당시 저는 월 1,600만원의 매출을 올리고 있는, 일명 스타급 디자이너였는데요, 이런 상황에서 해외연수를 간다고 하니 원장 입장에서는 보기 싫었을 수도 있죠. 하지만 출발할 때 인사도 받아주지 않고, 잘 갔다 오라는 소리도 없는 원장에게 서운한 마음이 들었던 것도 사실입니다. 해외 연수 중에도 그 모습이 신경 쓰여 제대로 놀지도, 쉬지도 못하고 돌아왔고 다녀오자마자 원장에게 서운한 마음을 표현했습니다.

5일 동안 매출이 나오지 않는다고 해서 미용실이 망하지는 않습니다. 오히려 스스로 발전하기 위해 해외연수를 떠나는 직원을 칭찬하면 이는 이후 더 큰 매출로 돌아온다는 사실을 인지해야 합니다.

나는 인복이 있어'라는 말을 함부로 하지 말자

제가 만난 원장 중 한명은 늘 '나는 인복이 많아'라는 말을 달고 살았습니다. 규모가 큰 미용실을 운영하고 있지만 직원들의 복지는 엉망이었던 원장이었는데요, 직원들 입장에서는 그런 말이 듣기 좋을 리 없겠죠.

저는 사업을 운영하며 '나는 인복이 있어'라는 말을 함부로 하지 않습니다. 인복은 운으로 얻는 것이 아니라 만들어 내는 것이죠. 주위 사람들에게 베풀고, 직원들의 능력을 키워주고, 복지에 신경 쓰면 자연스레 따라오는 것이 인복입니다.

많은 원장이 휴이엠에 있는 디자이너와 직원들을 부러워하며 주변에 인재가 많다는 칭찬을 아끼지 않습니다. 하지만 운으로 얻어낸 인재가 아닙니다. 매출이 나오지 않거나 불성실한 직원들로 고민할 때 자신을 돌아보며 반성하는 자세가 필요합니다. 인복이 없다고 한탄하기 전에 말이죠.

요즘 애들은 당연히 달라야 한다!

어른들이 젊은이들을 보며 가장 많이 하는 말 중 하나가 '요즘 애들은 나 때와는 너무 달라'입니다. 이런 생각과 이야기를 하는 사람은 굳이 미용업계가 아니더라도 성공하기 어렵습니다.

경영자는 늘 젊은 생각을 가져야 합니다. 특히 미용업계는 더욱 필요합니다. 28살 때 처음 미용실을 오픈할 때 제가 관심을 가진 것은 20대 초반 아이들의 감각과 생각이었습니다. 주 고객층이 그곳에서 시작되고 일하는 직원들도 20대가 대부분이기 때문이죠. '어떤 생각을 할까?', '어떤 옷을 입을까?', '가장 관심 있어 하는 분야가 무엇일까?'를 끊임없이 고민하고 배우는 마음가짐이 필요합니다.

이후 40대, 50대가 되더라도 이런 고민은 멈추지 말아야 합니다. TV 프로그램, 신제품, 유튜브, 페이스북 등 바뀌는 시대의 흐름을 늘 놓치지 말고, 그들의 생각과 심리를 배우기 위해 많은 노력을 기울여야 합니다.

사장이 솔선수범해야 한다

대부분의 오너들은 매장이 청결하고, 직원들은 고객들에게 접객을 잘하는 분위기를 원합니다. 이렇게 매장의 분위기를 만드는 것은 쉬울 수도 있고 어려울 수도 있습니다. 쉽게 가기 위한 방법은 오너가 먼저 모범을 보이면 됩니다.

제가 미용실을 오픈한지 2년 정도 되었을 때 한 고객님이 "이 미용실은 청소 아르바이트생도 있나 봐요?"하고 질문했습니다. 직원은 "아르바이트가 아니고 저희 원장님이에요!"라고 대답했죠. 직원들이 바쁘게 일할 때 오너가 매장 정리를 하면서 모범을 보이면 직원들에게도 그 상황이 하나의 규칙이 되어 오너가 자리를 비우더라도 스스로 정리를 하며 청결을 유지하게 됩니다. 반대로 오너는 움직이지 않고 뒤에서 지시만 한다면 오너가 자리를 비웠을 때 직원들은 전혀 움직이지 않습니다. 제가 가진 경영 철학 중 하나는 '내가 하기 싫은 일은 직원들도 하기 싫다.'는 것입니다. 그래서 누구나 귀찮고 하기 싫은 일은 오너가 솔선수범해야 합니다.

혹시 직원들의 지인들이 미용실에 와서 머리를 무료로 하고 가는 경우가 있다면 먼저 오너의 지인들도 머리를 무료로 하고 있는지를 점검해봐야 합니다. 제 친인척이나 지인들이 제가 운영하는 미용실에서 머리를 해도 시술 요금은 동일하게 받고 있습니다.

이렇게 오너가 어떻게 행동하느냐에 따라 직원들의 분위기나 행동이 바뀝니다. 직원들에게는 오너가 먼저 실천하고 항상 직원들보다 노력하는 모습을 보여주는 것이 회사를 대표하는 사람의 행동입니다. 직원들이 해줬으면 하는 행동이 있다면 먼저 실천하세요. 그럼 직원들은 자연스레 따라옵니다.

2호점 오픈이
세상에서 제일 어려웠어요

2호점을 차리면 망한다?

미용업계에 수많은 징크스가 있는데 그중 하나가 '2호점을 차리면 망한다'라는 속설입니다. 저도 2호점을 오픈할 당시만 해도 징크스는 징크스일 뿐이라고 여겼지만, 문제는 그리 간단하지 않았습니다.

대다수의 원장이 그러하듯, 저도 1호점 오픈 때 있었던 실수들을 복기하며 철저하게 2호점 오픈을 준비했습니다. 또 그동안 쌓인 경영 수완과 노하우가 있기 때문에 1호점처럼 2호점도 성공하리라 기대하죠. 이때 간과한 것이 하나 있는데, 그것은 바로 한정된 에너지입니다. 1호점과 2호점에 골고루 에너지를 분산해야 서로 발전해 나갈 수 있습니다. 하지만 쉽지 않습니다. 새로 오픈한 2호점에 더 눈길이 가고, 신경을 쓸 수밖에 없죠. 그러는 동안 1호점의 불만은 쌓여갑니다. 2호점이 자리 잡기 전에 1호점에서 이탈자가 발생하고, 결국 동시에 적자가 날 수밖에 없는 것입니다.

저는 직원들에게 진솔하게 표현함으로써 이 문제를 극복했습니다. '2호점을 오픈하면서 1호점에 신경을 덜 써서 미안하다. 하지만 자리가 잡힐 때까지만 조금 이해해 달라.'라고 말이죠. 이렇게 1호점 직원들과 지속적인 소통을 이어가자 1호점, 2호점 매장이 모두 안정화 되어갔습니다.

경영은 혼자 하는 것이 아닙니다. 막내 인턴도 회사가 어떻게 돌아가고 있는지 빠르게 눈치를 챕니다. 직원들에게도 회사의 상황을 오픈하고 솔직하게 표현한다면 그들에게 주인의식을 키워줄 수 있고 불만도 줄일 수 있습니다.

2호점, 1년 적자는 기본이다

앞서 이야기한 에너지의 분배 문제 외에도 2호점의 경영 안정화까지는 오랜 시간이 걸립니다. 그래서 저는 주변에서 2호점을 차린다고 하면 1년 적자는 각오하라는 조언을 덧붙입니다.

1호점의 성공까지는 수많은 사람들의 노력이 숨어 있습니다. 직원들과 함께 호흡하며 업무 스타일을 완성했는데, 2호점으로 확장하며 유입된 외부 디자이너들에게 이러한 체제는 부담스러울 수 있습니다. 적응하지 못한 직원들은 튕겨져 나갈 수밖에 없고, 이에 대한 업무 부담은 남은 멤버들에게도 악영향을 미치죠. 그렇다고 2호점에 자율성을 주기도 어렵습니다. 몇 년간 쌓아온 체제를 따르는 1호점 직원들 눈에 이러한 자율성이 좋게 보일 리가 없기 때문입니다. 이러한 과정을 맞춰가기까지 대략 1년의 시간이 걸립니다.

많은 원장이 2호점을 오픈하고 나서 혼란을 겪습니다. '1호점은 흑자인데 2호점은 왜 적자지? 직원들이 왜 자꾸 속을 썩이지? 왜 그만두지?'라는 문제 상황이 끊임없이 발생하기 때문입니다. 이러한 원인을 '이곳이 장사가 안 되는 자리인가 보다!'라고 단정 짓는 경우가 있는데, 이는 대부분 상권이 아닌 사람의 문제일 때가 많습니다.

그래서 2호점 오픈 시에는 1호점처럼 성공하리라는 기대감은 줄이는 것이 좋습니다. 적게는 6개월에서 1년의 적자를 기본으로 생각하고, 경영계획을 세워야 이후 문제가 없습니다.

믿을 만한 관리자는 내부에 있다

원장들의 가장 많은 실수 중 하나가 모르는 사람을 한두 번의 면접만으로 믿어버리는 것입니다. 그리고 이후에 골치 아파 합니다. 아무리 사람을 잘 보는 능력이 있다 해도 한 두번의 면접만으로 그 사람의 진가를 알아채기는 어렵습니다. 그럴 때는 외부에서 관리자를 뽑지 않고 그냥 1호점 매장에 가장 오래 있던 직원을 2호점에 보내는 것이 가장 현명합니다. 그 사람이 능력이 있고, 없고는 크게 중요하지 않습니다. 또 나이가 어려도 상관없습니다.

관리자의 가장 큰 덕목은 사장이 믿고 맡길 수 있는 신뢰성입니다. 내부에 직원이 어리다고, 능력이 없다고 외부에서 관리자를 뽑는 미용실은 발전하기 어렵습니다. 대부분의 원장이 관리자를 뽑는 기준은 하나입니다. 매출을 잘 올릴 수 있는 것 같은 사람이죠. 그래서 면접도 해당 지점에서 얼마나 매출을 올렸는지를 중점적으로 살펴봅니다. 하지만 관리자를 뽑을 때 기준은 단순히 매출이 아니라 출퇴근 잘하는 직원, 문단속 잘하는 직원, 사소한 약속을 잘 지킬 줄 아는 직원이 되어야 합니다. 그리고 이런 직원들은 면접을 통해 절대 찾아낼 수 없습니다. 매출이 높은 직원이 이런 일도 잘할 것이라는 생각은 옛날 시대 원장들의 고정관념입니다. 절대 착각해서는 안 됩니다.

스톡옵션을 준다고?

어느날 문득 주변 사람들을 돌아보게 되었습니다. 저는 미용실이 하나둘 늘어나면서 발전하는데 정작 오랫동안 곁을 지켜주었던 동료들은 그대로라는 생각이 들었죠. 이때부터 직영 미용실을 오픈할 때마다 오래된 동료들에게 좋은 조건의 지분(스톡옵션)을 주기 시작했습니다.

일반적인 지분투자의 경우, 적자가 발생하면 지분율대로 각자 적자를 부담해야 하지만, 저는 적자는 제가, 수익은 바로 배분했습니다. 스톡옵션을 받은 동료들이 급여 외에 투자 수익금도 받아가면서 긍정적이고 적극적으로 변했습니다. 그리고 회사에 대한 자부심을 고스란히 후배들에게도 전달했습니다. 이전에는 저 혼자 하던 일을 여럿이서 하게 된 것이죠. 경영이 좀더 수월해졌습니다.

저도 인간인지라 '이렇게까지 해야 하나?'하는 생각도 물론 들었습니다. 가족도 아닌 사람들과 5~10년을 함께 일했는데 불화가 없다면 거짓말입니다. 하지만 그럼에도 불구하고 서로 이해하고 공존하면서 함께 한다는 그 자체가 중요합니다.

경영은 이기심을 버리는 일이다

저의 제일 큰 징크스는 바로 돈입니다. '이 돈을 가지고 저 일을 이렇게 하면 얼마 정도 남겠지?' 이런 생각을 하면서 일을 했더니 일이 점점 꼬여갔습니다. 약게 행동해 돈을 버는 사람들도 주위에 많습니다. 저도 쉽게 돈버는 것이 부럽습니다. 하지만 제가 돈을 쉽게 벌려고 하면 오히려 일이 복잡하게 꼬여버려 돈이 2배로 새는 일이 종종 있었습니다.

거꾸로 제가 돈을 쓰고, 투자하고, 베풀면 당장 큰 돈은 아니지만 돈의 덩어리가 조금씩 커지는 모습을 볼 수 있었습니다. 또 직원들, 동업자들이 돈을 잘 벌게 만들어 주면 덩달아 제 일도 잘되었죠.

저도 돈을 모으고 싶지 번돈을 곧바로 쓰는 것이 쉽지는 않습니다. 제가 느끼는 경영의 본질은 바로 이 쉽지 않은 일들을 순간 순간 마다 선택하는 것이었습니다.

창업을 꿈꾸는 당신을 위한 책

4000만원으로 시작하는 나만의 작은 카페!
1인카페 무작정 따라하기
강동원 지음 | 264쪽 | 16,500원

- 11평 동네 카페의 탄탄한 생존 노하우 92
- 시간순서대로 차근차근 알려주는 1인카페 운영 노하우

**콘셉트 잡기, 인테리어, 메뉴 개발,
상권분석, 운영&관리, 마케팅까지!**
동네 카페 무작정 따라하기
권법인 공저 | 298쪽 | 16,500원

- D-365부터 오픈까지 이 책만 따라하면 OK!
- 두려움 많고 도움 받을 곳 없는 나홀로 예비 사장들을 위한 책

창업을 꿈꾸는 당신을 위한 책

4평 쪽가게에서 5억 버는 김사장 & 오사장의 비법전수!
대박 옷가게 무작정 따라하기
김승민 오은미 공저 | 376쪽 | 17,500원

- 동대문 옷구매부터 상권 분석, 인테리어, 디스플레이, 고객응대, SNS마케팅까지!
- 15년 실전 경험을 바탕으로 업그레이드된 옷가게 창업 & 운영 노하우!

나홀로 무역창업을 꿈꾸는 당신에게!
무역&오퍼상 무작정 따라하기
홍재화 지음 | 374쪽 | 16,800원

- KOTRA 현지직원이 직접 밝히는 나라별 무역거래 특징!
- 무역업 20년 베테랑이 알려주는 실전 무역 노하우 85!